Ilona Bürgel

Psychische Ressourcen im Job

W0033312

Ilona Bürgel

Psychische Ressourcen im Job

Darauf kann ich wirklich setzen

KREUZ

MIX
Papier aus verantwor-
tungsvollen Quellen
FSC® C083411

© KREUZ VERLAG
in der Verlag Herder GmbH, Freiburg im Breisgau 2015
Alle Rechte vorbehalten
www.kreuz-verlag.de

Umschlaggestaltung: Vogelsang Design
Umschlagmotiv: © 1st Gallery – Fotolia.com

Satz: de·te·pe, Aalen
Herstellung: CPI books GmbH, Leck

Printed in Germany

ISBN 978-3-451-61339-5

Inhalt

Einleitung: Psychische Ressourcen – Ihr Erfolgskapital der Zukunft

Ich freute mich auf mein erstes Interview mit der FAZ. Ziel meiner Arbeit ist es, körperliches und geistiges Wohlbefinden aus verschiedenen Blickrichtungen zu beleuchten. So beschäftigt mich auch das Thema Burnout, für das ich angefragt wurde. Ein heißes Eisen, bei dem man zwischen Sättigung und Sorge hin und her schwankt. Ich hatte die Daten meiner aktuellen Recherchen geliefert, Telefon- und Veröffentlichungstermin waren vereinbart. Meistens mache ich mir Notizen zu den wichtigsten Aspekten eines Themas, bevor ein Interview stattfindet. So habe ich immer passende Informationen zu bieten. Dementsprechend fühlte ich mich gut vorbereitet – bis zur ersten Frage: »Frau Bürgel, hatten Sie schon einmal Burnout«? Ich war überrascht. Keine Frage zu Theorie, Wissenschaft oder Hintergrund, sondern eine sehr persönliche.

»Erfreulicherweise nicht. Doch ich weiß, was es heißt, überarbeitet zu sein«, antwortete ich nach einer kurzen Irritation. Wie ich das denn hinbekäme bei meinem arbeitsreichen und reiseintensiven Leben? Schon sind wir mittendrin in einem Austausch über meine eigenen Erfahrungen und Lebensprinzipien.

Ja, wie mache ich das? Diese Frage höre ich immer öfter, wenn ich Vorträge halte. Woher nehme ich persönlich meine Gelassenheit und Energie? Ich beantworte diese Frage gern und werde es auch in diesem Buch tun. Weil Authentizität zählt. Es ist ein Unterschied, ob jemand ein

Thema nur erforscht oder ob er es erforscht und selbst auch lebt. Ob jemand hinter dem steht, was er sagt. Genau das möchte ich. Denn meiner Meinung nach dürfen Menschen, die andere beraten wollen, mit besonders hohen Erwartungen konfrontiert werden. Warum sollten sie sonst das Recht haben, zu beraten? Empfehlungen auszusprechen und Tipps zu geben hat ja immer auch etwas mit »besser wissen« zu tun. »Besser machen« ist meine Devise. Mein erklärtes Ziel ist es vorzuleben, dass das, was ich lehre, auch funktioniert. In einem richtigen Alltag, nicht nur in der Theorie.

Fragen Sie sich gerade, ob ich es möglicherweise leichter habe als Sie, weil ich ein besonders angenehmes Arbeitsthema habe? Es ist für mich genauso leicht oder schwer wie für Sie. Wir alle treffen täglich hunderte von Entscheidungen, die oft leider nicht von Selbstfürsorge und Selbstrespekt geprägt sind, sondern von »Sollen«, Pflichten, Sorgen und negativen Emotionen.

Ich habe deshalb bei meiner Arbeit neben der Sichtung der Studien aus Psychologie und Gehirnforschung immer ein Auge auf die Praxis. Ich suche nach Konzepten, die das Angenehme mit dem Nützlichen verbinden. Nur dann lohnt es sich, danach zu leben. So bin ich auf die Positive Psychologie gestoßen. Die Wissenschaft, die erforscht, was Wohlbefinden, Leistungsfähigkeit und Gesundheit ausmachen. Auf ihren Spuren entdeckte ich das Konzept des Psychologischen Kapitals. Es entsprang der Idee, die Positive Psychologie in der Wirtschaft zu etablieren. Der Faktor Mensch rückte in den Mittelpunkt des unternehmerischen Erfolgs.

Wenn sich England mit dem Wirtschaftsfaktor Glück befasst, Japan die Mitarbeiter mittags schlafen lässt, Unternehmen wie Google Spielecken im Haus einrichten und sich Angela Merkel seit 2013 mit dem Bruttoinlandsglück-Index befasst, dann nicht deshalb, weil es sonst nichts zu tun gäbe.

Sie alle tun es, weil die Effekte überzeugen und händeringend nach neuen Lösungen für die Zukunft der Arbeit und Gesellschaft gesucht wird.

! Wir müssen für ein neues Morgen vorbereitet sein, auch wenn wir lieber alles beim Alten ließen.

Die Zukunft wartet mit neuen Anforderungen auf uns Menschen. Gefragt sind Flexibilität, Anpassungsfähigkeit, Selbstorganisation und ständige Weiterentwicklung. In immer kürzerer Zeit sollen wir immer mehr leisten, sollen engagiert, leistungs- und lernfähig bis ins immer höhere Alter in Beruf und Privatleben sein. Doch wie soll das gehen? Wir haben schon viele Jahre über unsere Kräfte gelebt. Mit Sorge betrachten viele Menschen ihre Zukunft. Wie können wir dieser neuen Welt weiter gerecht werden, wie unseren Lebensstandard halten?

Es geht nicht mehr um Wellness wie in den 80ern und 90ern, nicht mehr um Illusionen wie um den Jahrtausendwechsel, sondern um Existenzielles. Wer gut für sich selbst sorgt und seine psychischen Ressourcen versteht, kann von der neuen Welt enorm profitieren. Das eigene Wohlbefinden kristallisiert sich dabei immer wieder als Mediator zwischen Anforderungen und individuellen Potentialen heraus. Menschen arbeiten genauso gut oder schlecht, wie sie sich fühlen.

Leistungsfähige, engagierte Mitarbeiter sind der Mittelpunkt jedes Unternehmens. Sie werden immer kostbarer im »Schneller, höher, weiter« unserer Arbeitswelt. Die Dynamik der Märkte und der Welt nimmt zu und mit ihr der Druck, dem die Menschen im Unternehmen und zu Hause ausgesetzt sind. Globalisierung, Flexibilisierung, demografischer Wandel.

Was treibt uns wirklich an, mehr zu leisten und uns einzubringen? Geld? Ansehen? Es ist wissenschaftlich erwiesen, dass persönliches Wohlbefinden unsere Leistungsfähigkeit mehr fördert als die pure Freude an der Aufgabe. Experten haben festgestellt: Ein Mitarbeiter, dem es gut geht, erledigt seine Arbeit besser als einer, dem es schlecht geht. Selbst dann, wenn ihm die entsprechende Aufgabe keinen Spaß bereitet.

Positive Emotionen helfen uns dabei, unsere psychischen Ressourcen vollständig auszuschöpfen. Dies führt zu mehr Wohlbefinden, und mehr Wohlbefinden zu einer nachhaltigen Aufwärtsspirale von Selbstmotivation und Spitzenleistung.

Können Sie sich mit dieser Sichtweise schon anfreunden? Erfolge wurden in Deutschland bislang doch eher über die klassischen Tugenden wie Disziplin und Anstrengung erzielt. Damit haben wir viel erreicht. Doch wir kommen allein damit nicht mehr weiter. Wie gelingt es, Wohlbefinden dauerhaft und möglichst unabhängig von anderen Menschen und den Umständen zu erreichen? Der bewusste Einsatz unserer psychischen Ressourcen ist der Schlüssel dazu.

! Psychische Ressourcen wurden bislang unterschätzt.

Der Ressourcenbegriff ist uns aus dem täglichen Umgang vertraut. Meistens verwenden wir ihn im Sinne der französischen Herkunft als »Mittel« oder der lateinischen als »Quelle«. Erst in den 50er- bis 70er-Jahren des letzten Jahrhunderts begann die Wirtschaftswissenschaft, sich mit dem »Humankapital« als Produktivitätsfaktor zu beschäftigen. Der Fokus lag dabei auf dem Wissen und der Ausbildung der Menschen. Interessanterweise wurde lange übersehen, dass Wissen kopier- und replizierbar ist. So ist der Wettbewerbsvorteil erfahrener Mitarbeiter und Experten im Haus zwar ein kostbares Gut, sein Gewicht wird von Haltungen und Stärken der Menschen im Unternehmen aber noch übertroffen. Das Engagement, die Begeisterung, die Kreativität von Mitarbeitern machen sich täglich positiv oder negativ bemerkbar und sind unvergleichlich in der Wirkung.

Zahlreiche Untersuchungen haben inzwischen nachgewiesen, dass Einsatz und Ausbau der psychischen Ressourcen Gesundheit, Arbeitszufriedenheit, Engagement, Einzelleistung und Teamleistung verbessern. Voraussetzung dafür ist, dass wir unsere Ressourcen kennen, nutzen, pflegen und entwickeln. Wir stärken uns und andere, sind Vorbild und Modell. So wird es uns auch gelingen, das negative Stimmungsruder bei der Arbeit herumzureißen.

Zurück zu meinem Interview: Als ich nach meinen Erfahrungen mit dem Thema Burnout gefragt wurde, konnte ich schildern, dass mein Leben in Balance auf feste Rituale wie Yoga oder Meditation baut. Auf regelmäßiges Essen und klare Tagesstrukturen, an die ich mich – zum Beispiel bei den Schlafenszeiten – diszipliniert halte. Ich habe es gelernt, mich nur noch drei Minuten zu ärgern und mir selbst Freude zu bereiten. Ich konnte also viel Positives berichten. Das ist nicht selbstverständlich. Nur zu oft lesen und hören wir schlechte Beispiele, Katastrophen und Schwierigkeiten.

Ich nehme eine Tendenz sowohl in den Medien als auch in unserer persönlichen Kommunikation war, Negativem größeren Raum zu geben und es sogar zu erwarten. Dies führt so weit, dass in Umfragen zu Stress und Arbeit allein die Stellung der Fragen so suggestiv ist, dass eher negativ als positiv geantwortet wird. Immer wieder, immer öfter, bis wir irgendwann glauben, dies sei die Realität.

Ein Beispiel: Zum Thema Stress veröffentlichte die Techniker Krankenkasse 2013 eine imposante Studie. Die meisten Fragen sind Belastungsfragen, auch wenn es vereinzelt den Versuch gibt, auch einmal etwas Positives zu fragen, ob die Arbeit Spaß mache zum Beispiel. Im DGB-Index der Gewerkschaften 2012 kommen sogar nur negative Fragen vor, zum Beispiel: »Wie oft ist es in den letzten vier Wochen vorgekommen, dass Sie sich nach der Arbeit leer und ausgebrannt gefühlt haben?« Wenn 44 Prozent der Befragten antworten: »Sehr häufig oder häufig«, ist das immer noch eine Minderheit. Doch in der medialen Berichterstattung heißt es dann, dass die deutschen Beschäftigten leer und ausgebrannt sind.

Ein anderes Beispiel: Im Gesundheitsreport 2013 der DAK wurde endlich einmal genauer hingeschaut, wie das Thema Erreichbarkeit in der Realität gehandhabt wird. Ergebnis war, dass nur 20 Prozent der Beschäftigten häufiger als einmal pro Woche geschäftliche E-Mails in der Freizeit lesen, fast 70 Prozent nie oder fast nie. Fast 80 Prozent bejahten die Aussage »Mein Arbeitgeber akzeptiert es, wenn ich außerhalb der Arbeitszeit nicht erreichbar bin«. Doch worüber klagen wir im Alltag immer wieder? Den Druck, der aus der permanenten Erreichbarkeit entsteht. Was für ein Widerspruch!

Wie oft wurden Sie hingegen schon gefragt, wo Ihre Potentiale oder Ressourcen liegen? Haben Sie sich das schon einmal selbst gefragt? Ganz ungewohnt ist es für uns, sich darauf zu besinnen, dass wir alles in uns haben. Dass wir schon richtig und potent sind, so wie wir sind.

Eine erste umfassende Studie, die sich neben Belastungsfaktoren bei der Arbeit auch mit Ressourcen befasste, fand ich bei der Unfallkasse Nordrhein-Westfalen, die sich mit Erziehern in Kindergärten und der Jugendhilfe befasste. Im Hinblick auf die Ressourcen wurden von den Teilnehmern vor allem Weiterbildung, die gute Stimmung, Lachen mit anderen und der Austausch im Team genannt, die Bestätigung durch die Kinder und der emotionale Austausch, ein hoher Gestaltungs- und Handlungsspielraum sowie selbstbestimmtes Arbeiten.

Fällt Ihnen etwas auf? Soziale Unterstützung und Handlungsspielraum sind tatsächlich Ressourcen für gesundes und befriedigendes Arbeiten. Doch sie sind externe Faktoren, die man nicht unbedingt beeinflussen kann. Selten liegt der Fokus bei uns, bauen wir auf das, was wir immer und überall selbst steuern können.

Lassen Sie uns gemeinsam neue Wege gehen. Weil unsere Zukunft präventives Handeln im Heute erfordert. Sie finden hier das Beste aus der Positiven Psychologie, dem positiven Kapital und den Stärken- und Ressourcenkonzepten, ausgewählt nach den Kriterien wissenschaftlich erwiesene Wirksamkeit, Praktikabilität und Freude bei der Anwendung im persönlichen Berufsalltag. Sie halten einen genussvollen, vielleicht unerwarteten Denkansatz in den Händen, der den Fokus auf die unkomplizierte Nutzung Ihrer schon vorhandenen psychischen Ressourcen legt. Durch das Buch begleiten Sie Reflektionsfragen, die zu Ihrem konkreten Ressourcenpass führen.

Aus Gründen der besseren Lesbarkeit verwende ich nur die männliche Form der Substantive, spreche aber natürlich Männer wie Frauen an. Sie können sich einzelne Kapitel herauspicken oder der Reihe nach lesen. Dieses Praxisbuch möchte Ihnen Lust auf die eigenen Chancen und Möglichkeiten bei der Arbeit im Heute und Morgen machen. Damit Sie sich auf Ihre Zukunft freuen können.

1. Warum es sich lohnt, heute schon an morgen zu denken

Werfen wir doch einmal einen Blick in die Zukunft, um uns auf deren Anforderungen heute schon einzustellen. Natürlich werden wir erst wissen, wie sie ist, wenn wir sie erleben. Doch je mehr wir sie uns vorstellen können, umso besser fühlen wir uns vorbereitet. Und je besser wir vorbereitet sind, umso sicherer fühlen wir uns. Welche Erwartungen haben Sie denn an die Zukunft? An die der Menschheit, unseres Landes, Ihre eigene?

Viele Menschen haben Sorgen oder Ängste, wenn sie an die Zukunft denken. Wird das Geld reichen? Wird uns jemand unseren Arbeitsplatz streitig machen? Die ersten gesundheitlichen Warnschüsse lassen erahnen, dass unsere Träume darüber, was wir alles unternehmen wollen, wenn wir erst mal alt sind, doch nicht so einfach umzusetzen sein könnten.

Da unser Gehirn sich von allein eher auf Probleme und Katastrophen als auf Angenehmes fokussiert, möchte ich mit Ihnen ganz bewusst einen optimistisch-realistischen Blick in die Zukunft werfen. Der Vorteil ist, dass wir uns dann so verhalten, dass es zu unseren Chancen passt und wir die Zukunft erleben, die wir uns wünschen.

Was uns erwartet

Nie zuvor hatte die Menschheit so viel Wissen und so viele technische Möglichkeiten für ein langes, gesundes, erfülltes Leben. Der Lebensstandard hat sich für viele Menschen auf der Welt verbessert und wird dies auch weiter tun. Biotechnologie und Stammzellforschung, die Entschlüsselung des menschlichen Erbgutes, neue Errungenschaften der Medizin werden es ermöglichen, die Selbstheilungskräfte des Körpers besser zu unterstützen, Krankheiten früher zu erkennen, Organe zu ersetzen und damit generell gesünder und länger gesünder zu leben. Es steht mehr Nahrung als je zuvor zur Verfügung.

Computer, intelligente Autos oder digitale Dolmetscher reduzieren den Stress im Alltag. Das Auto, das selbst fährt, gibt es schon lange. Der Staubsaugerroboter kostet heute schon nur noch wenige hundert Euro. Interaktive Kühlschränke werden Lebensmittel selbst nachordern.

Wirtschaft, Kultur, Medien und vor allem Wissen sind weltweit vernetzt. Musik, Kleidung, Essen, Sportereignisse werden rund um die Welt immer ähnlicher und sind überall verfügbar. Wohlstand basiert auf Wissen, und dieses wird in absehbarer Zeit immer mehr Menschen zugänglich sein.

Trotzdem gibt es gegenläufige Trends: Wir Europäer befassen uns mit asiatischen Meditationstechniken und beginnen, als Teil eines gesundheitsbewussten Lebensstils vegetarisch zu essen. In den asiatischen Ländern beginnt man mehr Fleisch zu essen und mehr Auto zu fahren. In Afrika werden immer mehr Handys und Fernseher verkauft.

Weltweit entwickelt sich der Konsum zur Lebensphilosophie. Dass dieses permanente »Mehr von allem« nicht dauerhaft funktioniert, haben wir in den letzten Jahren schmerzhaft erfahren. Umgedacht haben wir noch nicht, auch wenn es schon viele Überlegungen zur Gestaltung einer Post-Wachstumsgesellschaft gibt.

Gern wird damit argumentiert, dass das Streben nach Wachstum zum Fortschritt gehört. Zu Zeiten, in denen Zug, Glühlampe und Penizillin erfunden wurden, war dies sicher überwiegend vorteilhaft. Doch die Errungenschaften der Technik sind heute in den Industrieländern nicht mehr überlebenswichtig, sondern zum Teil Selbstzweck. Und wir Menschen haben uns über all dem technischen Fortschritt in den letzten Jahren selbst vergessen. Wir haben uns nicht mitentwickelt. Wir haben immer weniger auf unsere menschlichen Bedürfnisse geachtet. Wir werden zwar durch unsere eiweißhaltige Ernährung größer und schwerer, die Pubertät setzt statistisch gesehen früher ein. Aber unser Gehirn ist noch auf dem Stand von vor tausend Jahren.

Früher dauerte es ein Jahrhundert, bis sich das Wissen der Menschheit verdoppelte; heute fünf Jahre. Das heißt nicht, dass unsere Intelligenz oder sonstige Gehirnkapazitäten wachsen, vielmehr verlagern wir das Wissen nach außen. Das Gehirn entwickelt sich nicht weiter, weil wir zu spezialisiert sind und in externen Netzwerken auf Wissen zugreifen, das wir nicht haben. Statt uns zu entwickeln, passen wir uns an technische Systeme an. Der genetische Bauplan des Menschen hat sich aber kaum verändert und deshalb macht uns die von uns selbst geschaffene Entwicklung Stress und Angst. Das Außen passt nicht zum Innen.

Entscheidungen für unsere Zukunft

Deshalb hören wir in unserer Gesellschaft immer häufiger Fragen nach der Zweckmäßigkeit dieser Entwicklung, dem Preis dafür. Leben wir die richtigen Werte? Gern sind wir zu

Reformen bereit, solange es um die anderen geht. Je mehr unsere Gewohnheiten und unser Komfort zur Disposition stehen, umso schwerer tun wir uns, etwas zu verändern. Im Ergebnis sind wir unzufrieden mit dem Bestehenden und haben auch noch ein mulmiges Gefühl für die Zukunft. Je älter wir werden, umso mehr spüren wir am eigenen Körper, was uns diese divergente Entwicklung zwischen innen und außen kostet.

Coca-Cola hat in der Happiness-Studie 2014 die Trends unserer Gesellschaft im Hinblick auf die Chancen für ein glückliches Leben von bekannten Wissenschaftlern zusammentragen lassen. Das Ergebnis der Studie lautet: Lebensfroh ist, wer sich entscheiden kann. Und zwar weil er weiß, was ihm persönlich guttut.

So einfach, so gut, so schwierig umzusetzen. Denn der geforderten Autonomie steht unser Urinstinkt, dazugehören und so wie die anderen sein zu wollen, im Weg. Kaum jemand hat es gelernt, selbst Verantwortung für das Leben zu übernehmen. Ganz zu schweigen davon, dass wir gar nicht wissen, was uns selbst guttut.

Die Gesellschaft wird immer individualisierter. Wir haben mehr Möglichkeiten, aber weniger Zeit dafür. Das setzt uns unter Dauerdruck. Im Privat- und Berufsleben steigt mit der Chance auf Selbstbestimmung das Erfordernis der Selbstorganisation. Die Freizeit wird zunehmend professionalisiert und geplant. Berufliches und Privates vermischen sich immer mehr. Der Stress wächst – Abgrenzung wäre nötig, erzeugt aber ein Verlustgefühl. Auch für unsere Gesundheit fühlen wir uns zunehmend selbst verantwortlich. Das ist zwar allerhöchste Zeit, erhöht aber den Zwang, informiert zu sein, um kluge Entscheidungen zu treffen. Zu viel Verantwortung, Entscheidungsdruck und mangelnde soziale Einbindung sind fühlbare Belastungsfaktoren.

Lebensfroh ist, wer sich entscheiden kann, und zwar auf der Grundlage dessen, was für einen selbst gut ist. Um dies zu erreichen, haben die Forscher die wichtigsten Tipps zum Selbstmanagement zusammengestellt:

- Keiner kann mehr alles haben – identifizieren Sie eigene Werte, Ziele und Bedürfnisse, um sich dann darauf zu fokussieren.
- Das eigene Leben braucht eine Vision – wohin soll es gehen, was hat Wert? Das ist die Entscheidungsbasis.
- Soziale Beziehungen sind unersetzbar – verschenken Sie Anerkennung, Wertschätzung und Aufmerksamkeit und finden Sie Mitstreiter mit ähnlichen Werten.
- Erreichbarkeit soll bewusst gestaltet werden – definieren Sie Auszeiten, Ichzeiten und Offlinezeiten.
- Achtsamkeit und Konzentration brauchen Übung – lenken Sie den Fokus auf einige wenige Prioritäten, vermeiden Sie Ablenkungen.
- Das Leben muss aktiv gelebt werden – ziehen Sie Ihre Lebensfreude aus verschiedenen Quellen, nicht nur aus der Arbeit. Nutzen Sie Spielräume und wagen Sie Experimente.

Voraussetzung für diese moderne Anleitung zum Glück ist Selbstbestimmung. Die erste gute Nachricht: Das ist primär eine Sache des Kopfs. Innere Autonomie ist unabhängig von Alter, Lebensumständen und Fitness. Die zweite gute Nachricht: In Deutschland verfügen wir im Schnitt über 3 Stunden und 49 Minuten Freizeit am Tag. Hier kann es losgehen mit der Autonomie. Was machen Sie daraus? Was wir in der Freizeit können, gelingt dann auch leichter im Beruf. Lassen Sie uns gleich konkret werden und selbstbestimmte Entscheidungen üben: Hier kommen die ersten beiden Fragen, die in Ihren Ressourcenpass einfließen.

RESSOURCENPASS

Was ist das Beste, das Sie von Ihrer Zukunft erwarten?

_____

_____

Welchen Beitrag wollen Sie leisten, damit wir alle eine gute Zukunft haben?

_____

_____

Die Eckdaten der zukünftigen Arbeitswelt

Haben wir uns bis hierher die Zukunftstrends in unserer Gesellschaft generell angesehen, geht es nun explizit um die Zukunft der Arbeit. Die Studie »Deutschland 2020 – Die Arbeitsplätze der Zukunft« kommt zu folgendem Schluss: Die Globalisierung der Arbeitsmärkte, der wirtschaftliche Strukturwandel und der technologische Wandel stellen ständig neue Ansprüche im Arbeitsalltag. Besser ausgebildete Arbeitskräfte werden gefragt sein und sind nicht so leicht zu ersetzen.

Die Studie »Die Zukunft der Arbeitswelt auf dem Weg ins Jahr 2030« verweist auf die Durchdringung wirtschaftlicher Prozesse mit Informations- und Kommunikationstechnologien. Dies führt zur Beschleunigung, Verdichtung und Wissensintensivierung von Prozessen, denen gering qualifizierte Kräfte nicht folgen können. Auch bei der Arbeit kommt es zur Individualisierung und Feminisierung der Gesellschaft. Im Auftrag der Bundesregierung wurden Szenarien errechnet, wie unser Lebensniveau trotz geänderter Voraussetzungen erhalten werden kann:

1. Die Zahl der Erwerbstätigen wird gesteigert (mehr Köpfe, mehr Lebensarbeitszeit, höhere Beschäftigtenquote, Zuwanderung, Arbeitsmarktzugang von Migranten)
2. Das Arbeitsvolumen wird erhöht (mehr Zeit, mehr Jahresarbeitszeit)
3. Die Produktivität wird erhöht (Qualifizierung, lebenslanges Lernen, Innovationsproduktivität steigt)

Die Kombination aus Verringerung der Erwerbslosenquote und einer längeren Arbeitszeit wäre nach Meinung der Experten der beste Weg. In jedem Fall wird es darum gehen, anders zu arbeiten, um länger und mehr leisten zu können.

Der Zukunftsforscher Peter Wippermann beklagt, dass in unserer Gesellschaft Vorstellungen fehlen, wie wir in Zukunft leben wollen. Wir sind auf dem Weg von der Industrie- zur Netzgesellschaft. Gleichzeitig sagt er digitale Abstinenz als neuen Statuswert voraus. Die Individualisierung der Arbeitswelt führt dazu, dass die Eigenverantwortung steigt und jeder sich selbst organisieren, vernetzen und vermarkten muss. Erfolg wird weniger über Geld, sondern über eine selbstbestimmte und gesunde Lebensweise definiert. Daraus entsteht die Herausforderung, sich selbst ständig weiterzuentwickeln, Ziele zu setzen und Grenzen zu ziehen. Die Unternehmen müssen daher persönliche Freiheit, Freizeit und Möglichkeiten zur Selbstverwirklichung bieten.

Im Focus Spezial zeigt eine Studie zur Bewerbungspraxis 2004 im Vergleich mit 2014, wie sich die Ansprüche der Mitarbeiter zu den Trends entsprechend ändern. Aktueller Favorit ist das gute Arbeitsklima mit 94,9 Prozent (vorher

53 Prozent), gefolgt von Weiterbildungsangeboten mit 86,5 Prozent (vorher 36 Prozent), flexiblen Arbeitszeiten mit 85,9 Prozent (28 Prozent) und der Möglichkeit zur Work-Life-Balance mit 83,4 Prozent (27 Prozent).

Der Managementberater Niels Pfläging arbeitet schon lange an einem zukunftsfähigen Verständnis von Führung, das auf der Annahme basiert, dass Menschen bei der Arbeit keine Schlafkojen, sondern Herausforderungen suchen. Seine Forderungen, um Trends, Wünsche und Möglichkeiten unter einen Hut zu bringen lauten unter anderem:

- Handlungsfreiheit für jeden in seinem Arbeitsbereich
- Arbeitszeit als Entwicklungszeit – Manager dürfen nicht alle Probleme selbst lösen wollen
- »Verantwortungszellen« statt Abteilungen
- Eine neue Definition von Leistungsklima als Ergebniskultur statt Pflichterfüllung

Die Sache mit der Rente

Zur Zukunft der Arbeit gehört auch die Frage, wer wie lange arbeiten möchte. Ich zum Beispiel gehe davon aus, dass ich mit 80 noch schreiben und Vorträge halten werde. Ganz klar, ich werde so viel Erfahrung haben wie nie. Mein Geist wird *durch* die Arbeit fit *für* die Arbeit sein. Freude an dem, was ich tue, habe ich immer. Es gibt also keinen Grund für mich, aufzuhören. Doch mit dieser Planung stehe ich fast allein da.

In Australien fand Diana Warren von der Universität in Melbourne heraus, dass Frauen und Männer verschiedene Gründe haben, in Pension zu gehen. Männer machen die Entscheidung eher von Finanzen und dem Gesundheitszustand abhängig. Frauen treffen eine soziale Entscheidung.

Sie wollen mehr Zeit mit der Familie verbringen oder pflegen Angehörige. Trotzdem hören Paare oft gemeinsam auf zu arbeiten, 66 Prozent binnen zwei Jahren. Tendenziell hören Frauen eher auf zu arbeiten, wenn sie in einer Partnerschaft leben.

Hier gilt es, die Perspektive auf unsere Lebenszeit zu verändern. Denn nicht die Arbeit an sich, sondern *wie* wir heute arbeiten und uns selbst überfordern ist das Problem. Tom Rath hat in weltweiten Studien herausgefunden, dass das Wohlbefinden bei der Arbeit einen doppelt so hohen Einfluss auf unser Gesamtwohlbefinden hat wie zum Beispiel Geld oder Gesundheit.

Mit jedem Jahr eines frühen Renteneintritts steigt das Risiko für Männer, vor 67 Jahren zu sterben um 13,4 Prozent. Unter Frührentnern steigt außerdem die Zahl der Herz-Kreislauf-Erkrankungen. Als Ursache wird zum einen ein ungesünderer Lebensstil gesehen. Zum anderen fanden die Ökonomen an der Universität Göteborg Marcus Eliason und Donald Storrie heraus, dass der Verlust der Arbeit wie ein Schicksalsschlag erlebt wird und das Todesrisiko in den ersten vier Jahren nach dem Verlust der Arbeit um 44 Prozent ansteigt. Dies wurde bei der Schließung einer Fabrik erforscht – der Verlust der Arbeit war hier nicht freiwillig. Andere Untersuchungen zeigen, dass zum Beispiel die Strukturierung des Tages, das Gefühl, etwas Sinnvolles zu tun, oder der Kontakt mit anderen Menschen gern übersehene Vorteile der Arbeit sind. Im Longevity-Projekt von Howard Friedmann und Leslie Martin waren diejenigen älteren Menschen die gesündesten, die noch arbeiteten.

Erschrocken bin ich über die Ergebnisse der Umfrage der »berufundfamilie gGmbH« aus dem Jahr 2013 zum Thema Alter und Arbeit. Es wurden 45- bis 60-Jährige befragt. Von ihnen wollten nur 28 Prozent voll bis zum gesetzlichen Rentenalter arbeiten. 26 Prozent wollten weniger arbeiten und 34 Prozent das Rentenalter vorziehen. Wurden die Arbeitgeber gefragt, gingen diese davon aus, dass zwei Drittel der Beschäftigten voll bis zur Rente arbeiten würden. Zwar wollten die Arbeitgeber sich mit der Gestaltung des Übergangs in den Ruhestand ihrer Arbeitnehmer befassen, vor allem, um den Wissenstransfer zu sichern und die Arbeitgebermarke zu stärken. Doch offenbar haben sie ganz andere Erwartungen als ihre Mitarbeiter, was deren Verfügbarkeit betrifft. Zwei Drittel der Arbeitgeber sehen keine Maßnahmen vor, um die Erwerbstätigkeitsphase älterer Beschäftigter zu verlängern. Das könnte vor dem Hintergrund der heimlichen Wünsche der Arbeitnehmer ein großer Fehler sein. Topwunschkandidaten für Maßnahmen für ältere Arbeitnehmer wären flexible Arbeitszeitmodelle (75 Prozent), altersgerechte Arbeitsplätze (46 Prozent) und gesundheitsfördernde Maßnahmen (45 Prozent).

Eine meiner Überlegungen bei der Auswertung dieser Studie war, dass die Planung des schnellstmöglichen Ausstieges aus der Arbeit erklärt, warum Arbeitnehmer mit zunehmender Berufszugehörigkeit immer weniger Interesse an Weiterbildung haben.

Lernen und Wachsen als neue Werte

Heute schon stehen Führungskräfte vor der Herausforderung, mehr in ihre persönlichen Qualitäten zu investieren, weil sie sowieso nicht mehr der Experte für alle Einzelleistungen im Unternehmen sind und Führungsaufgaben Priorität gewonnen haben. 95 Prozent aller Mitarbeiter erachten eine Weiterbildungsbereitschaft als wichtige Eigenschaft bei Führungskräften. Warum nur von ihnen?

! Im Jahr 2010 investierten Mitarbeiter durchschnittlich gerade einmal 29,4 Stunden im Jahr in Fort- und Weiterbildung, davon 10 Stunden Freizeit.

Der Indikator für die Intensität der Weiterbildung wird in Bezug auf 1000 Arbeitsstunden ermittelt und im europäischen Vergleich vom Bundesinstitut für Berufsbildung vorgestellt. Hier ist Deutschland gerade mal gute Mitte mit sechs Stunden (im Durchschnitt sind es fünf Stunden). Insgesamt liegen wir allerdings auf Platz 12 von 26 Ländern. Natürlich sind die »glücklichen« Länder wie Dänemark (9 h) und Schweden (10 h) vor uns, aber auch Malta (7 h) oder Tschechien (8 h). Auch wenn die 2013 veröffentlichten Zahlen aus dem Jahr 2005 stammen, dürfte sich kaum etwas geändert haben, und wenn, dann eher zum Nachteil. Denn in den Zeiten der Wirtschaftskrisen werden Weiterbildungsetats besonders gern gekürzt.

Wie kommen diese Zahlen zustande? Zum einen haben wir kein gesellschaftliches Konzept der Freude am Lernen. Zum anderen haben viele Menschen Berührungsängste mit persönlichen Themen. Die alten Bilder von Psychologie als Wühlen in den Abgründen der eigenen Seele sitzen wohl zu fest. Erfreulicherweise haben die neuen Richtungen in der Psychologie, wie die Positive Psychologie, ein anderes Herangehen. Sie kümmern sich um Potentiale, Ressourcen, Glücks- und Gesundheitsfaktoren. Durchweg positive Themen also, sodass Seminare oder Jahresgespräche nie mehr peinlich oder unangenehm sein müssen. Wir werden den Weg von der Produktions- zur Wissens- und Dienstleistungsgesellschaft weitergehen; Bildung könnte zunehmend zum Konsumgut werden. Durch neue Techniken des Lernens wie E-Books oder Onlinekurse wird es keine Frage des Geldes, sondern des Engagements sein, es sich zu erschließen.

Für 39 Prozent aller Studenten ist das Thema »Weiterbildung« ein entscheidendes Kriterium bei der Wahl des Arbeitgebers. Die sogenannte Generation Y sagt zu 98 Prozent, dass Mentoring und Coaching für die persönliche Entwicklung bedeutsam sind. Wir können uns von der jüngeren Generation inspirieren lassen, denn Lernen ist keine Frage des Alters. So beschreibt der Lernforscher Christian Stamov Roßnagel, dass die Qualität des Lernens bis zum 70. Lebensjahr gleich bleibt. Der Vorteil der Älteren ist die kristalline Intelligenz, also der Vorrat an Strategien und Erfahrungen.

Lebenslanges Lernen wird zwar überall propagiert, doch die tatsächliche Notwendigkeit nicht nur als Verfügbarkeit von Wissen, sondern vor allem als Anpassungsleistung an sich ständig ändernde Umweltbedingungen, ist vielen nicht klar. So gibt es ab 40 kaum noch Weiterbildung. Die Unternehmen glauben, es lohne sich nicht, die Arbeitnehmer glauben, sie könnten es nicht. Verbindend ist die Haltung einer völlig falschen Lernkultur, nämlich als Defizitausgleich statt als Freude am Lernen selbst und der Erweiterung von Möglichkeiten. Egal, wie das Rentenalter künftig definiert wird, auch 61-Jährige werden noch einige Jahre im Unternehmen sein und im Unterschied zu jüngeren Arbeitnehmern weniger wahrscheinlich wechseln. Eine Investition lohnt sich also für beide Seiten.

Lernen ist eine der besten Altersvorsorgen, die wir selbst steuern können. Neben der alternden Bevölkerung wird es eine Bewerberknappheit in qualifizierten Positionen geben, niedrige Qualifikationen werden weniger gefragt sein, neue Wertehierarchien entstehen. Es ist eine Tendenz auszumachen, dass der Wertetrend sich weg von Geld und Erfolg und hin zu Selbstverwirklichung, Glück, Sinnhaftigkeit bewegt.

Unsere Herausforderung wird sein, uns ständig weiterzuentwickeln. Dies wäre eine selbstbestimmte Antwort auf eine der größten Sorgen der Deutschen: eines Tages unselbständig im Pflegeheim zu landen. Denn wer sich immer neuen Situationen stellt und dadurch lernt und aktiv ist, bleibt geistig selbstbestimmt. Wer dazu noch engagiert und interessiert durchs Leben geht, entwickelt immer neue Gehirnstrukturen. Die Investition in Wissen und psychische Ressourcen ist eine angenehme Prävention.

Können wir uns wirklich ändern?

Pädagogen und Psychologen sind sich noch nie einig darüber gewesen, wie und warum sich Menschen verändern. Wie sehr sind wir durch unsere Veranlagung, Vergangenheit oder die Umstände geprägt? Die Glücksforschung hat sich darauf verständigt, dass zu 50 Prozent die Disposition bestimmt, wie leicht oder schwer es uns fällt, glücklich zu sein. Von den restlichen 50 Prozent sind nur zu 10 Prozent die Umstände für unser Befinden zuständig, zu 40 Prozent wir selbst. Das gilt auch für den Einsatz unserer psychischen Ressourcen.

Meist scheitern wir daran, dass wir uns eine Veränderung nicht vorstellen können, weil wir schon immer so oder so gelebt haben, so oder so gewesen sind. Da wir die Zukunft aus den Erfahrungen der Vergangenheit hochrechnen, haben wir kein Modell für das »Anderssein«. Aber in dem Augenblick, in dem wir selbst an die Möglichkeit einer Veränderung glauben, finden wir auch die passenden Schritte.

Die aktuelle Gehirnforschung unterstützt außerdem den Denkansatz, dass Veränderungen in jedem Alter möglich sind. Wir können immer lernen. Unser Gehirn kann immer neue neuronale Verknüpfungen schaffen, die für das Lernen notwendig sind. Besonders leicht fällt dies, wenn etwas Bedeutung für uns hat. Sie erinnern sich sicher an den Unterschied, in der Schule eine Sprache zu lernen, von der man ausging, sie nie zu brauchen. Oder für eine Ferienliebe, einen Auslandsjob oder ein Hobby Vokabeln aus Leidenschaft zu pauken.

Bei der Beschäftigung mit den psychischen Ressourcen stoßen wir automatisch auf die Frage, welche Persönlichkeitsmerkmale veränderbar sind und welche nicht. Sie werden generell unterschieden in zwei Gruppen: »Traits« sind feste Eigenschaften, die man kaum verändern kann, und »States« sind variable Zustände, die situativ verschieden sein können. Wenn Sie sich diese beiden Ausprägungen an den Enden einer Skala vorstellen, gibt es dazwischen noch Nuancen: »state-ähnlich« (relativ stabil über die Zeit, aber beeinflussbar) und »trait-ähnlich« (relativ stabil und schwer zu ändern). Stimmungen sind zum Beispiel States, Intelligenz oder ein Rechentalent sind Traits. State-ähnliche Zustände sind Hoffnung, Resilienz und Mut, trait-ähnliche Stärken sind beispielsweise Neugier oder Verlässlichkeit. Die gute Nachricht ist: Die psychischen Ressourcen Hoffnung, Optimismus, Resilienz und Selbstwirksamkeit wurden in zahlreichen Untersuchungen als beeinflussbar, als »state-ähnlich« klassifiziert.

Interventionen unter der Lupe

Eine mögliche Veränderung wird umso attraktiver, wenn es eine gute Wahrscheinlichkeit für Erfolg gibt. Deshalb schauen wir uns an dieser Stelle exemplarisch schon einmal eine Auswahl von Interventionen und deren Erfolge an.

Sonja Lyubomirsky ist eine der führenden Psychologen in Sachen Glücksforschung. Sie untersuchte, welche Methode zur Bewältigung schlechter Erfahrungen am erfolgreichsten ist. Ihre Versuchspersonen sprachen auf Band, schrieben oder dachten über drei Tage hinweg jeweils 15 Minuten an die schlechteste oder beste Erfahrung ihres Lebens. In einer weiteren Studie wurde an den glücklichsten Tag gedacht, darüber geschrieben oder dieser analysiert. In Studie 1 verbesserten diejenigen, die über schlechte Erfahrung geschrieben und gesprochen hatten, ihr körperliches und geistiges Wohlbefinden, ihre Zufriedenheit und ihre Gesundheit. Diejenigen, die darüber nachgedacht haben, nicht.

Nachdenken verführt uns häufig dazu, zu grübeln oder uns im Kreis zu drehen. Schreiben und Sprechen führen zu Synthese und Verständnis. Durch Nutzung der Sprache wird Ereignissen eine Struktur und Bedeutung gegeben, durch die sie akzeptiert und verarbeitet werden können. Die Studie bestätigte auch, dass positive Emotionen negative ausgleichen und physiologische Aufregung abbauen können. Beim Schreiben über positive Aspekte eines negativen Ereignisses verbessern sich Herzschlag, Hautwiderstand und Immunsystem.

Die umfangreiche gedankliche Analyse von positiven Ereignissen hingegen reduziert das Wohlbefinden. Weil sich zum Beispiel Zweifel melden, wie das Ganze gekommen ist, ob es verdient war oder wie es anders hätte sein können.

! Das Wundervolle am Glück geht durch die Analyse verloren, deshalb sollten wir uns an positive Ereignisse nur erinnern, ohne sie zu analysieren.

Sonja Lyubomirsky und ihre Kollegen wollten noch genauer wissen, ob und wenn ja wie wir Wohlbefinden trainieren können. Sie verglichen drei Trainings, zwei für Wohlbefinden, bei denen Dankbarkeit und Optimismus trainiert wurden, und ein Organisationstraining. Dabei konnte die Hälfte der Teilnehmer selbst entscheiden, an welchem Training sie teilnehmen wollten.

Das Ergebnis zeigte ganz klar, dass die Trainings zum Wohlbefinden nur dann nützlich waren, wenn die Teilnehmer motiviert waren (sich also dafür entschieden hatten) und beharrlich übten. Verantwortlich dafür ist der Botenstoff Dopamin, der ausgeschüttet wird, wenn wir uns angemessen anstrengen. Die motivierten und engagierten Teilnehmer hatten nach Trainingsende und sechs Monate später deutlich höhere Wohlbefindenswerte als die Teilnehmer der Kontrollgruppe. Die Wissenschaftler konnten außerdem bestätigen, dass gestresste Personen mit Problemen oder schlechter Stimmung ganz besonders von Wohlbefindenstrainings profitieren.

Bleiben wir kurz bei den Voraussetzungen für den Erfolg einer Veränderung. Oft erlebe ich, dass Menschen zu schnell aufgeben, wenn sie sich etwas vorgenommen haben und es nicht so schnell funktioniert, wie sie es sich erhofft hatten. Von Violinisten und Schachspielern ist bekannt, dass sie in der Regel 10 Jahre beziehungsweise 10 000 Stunden Übung benötigen, um außergewöhnlich gut zu werden. Bei Spitzenleistungen gibt es keine Naturtalente ohne Übung und keine tüchtigen Unbegabten. So dürfte es auch mit dem Wohlbefinden sein. Die Veranlagung entscheidet, ob es einfacher oder schwieriger ist, doch geübt und angewendet werden muss es von uns allen. Diese tägliche Praxis entscheidet über den langfristigen Erfolg.

Studien haben gezeigt, dass schon allein die Absicht, etwas Gutes für sich zu tun, eine entsprechende Wirkung hat. Wir werden darauf zurückkommen, wenn es darum geht, eine Entscheidung über ein ressourcenorientiertes Leben zu treffen.

Die folgende Untersuchung der Universität Zürich hat meine Aufmerksamkeit geweckt, weil sie ein gutes praktisches Beispiel zum Thema Lernen ist. Es ging um die Frage, ob für die Generation 50+ ein Online-Trainingsprogramm zur Verbesserung des Wohlbefindens funktioniert. 163 Frauen zwischen 50 und 79 übten eine Woche täglich 10–15 Minuten, indem sie bewährte Trainingstechniken, wie einen Dankesbrief zu schreiben oder lustige Begebenheiten des Tages zu notieren, anwendeten. Die Ergebnisse waren positiv: Die Teilnehmerinnen waren zufriedener, hatten weniger depressive Symptome als davor und dies auch mit Wirkung für weitere sechs Monate. Es schien keine Akzeptanzprobleme mit dieser Art des Trainings zu geben. Die Vorteile eines Onlinetrainingsprogramms für den Arbeitsplatz liegen auf der Hand: Man ist unabhängig von Zeit und Ort, zudem ist die Anonymität gewährleistet, was gerade bei persönlichen Themen relevant ist.

Wer die Ressourcen Hoffnung und Optimismus trainiert, hat bessere Chancen, seine Ziele zu erreichen. Studien haben gezeigt, dass Hoffnung, Optimismus und soziale Unterstützung den Erfolg von Studenten und Sportlern positiv beeinflussen. Gut definierte Ziele dienen dabei insbesondere dem Durchhalten. Studenten mit hohem Hoffnungsniveau bleiben besser an ihren Zielen dran und strengen sich mehr an, diese zu erreichen. Hoffnung führt zu besserer Leistung und besseren Noten. Beruflicher Optimismus und Hoffnung führen zu besserer Leistung schon im Studium. Das Durchhalten erhöht die Wahrscheinlichkeit, das Examen zu bestehen.

Gesteigert werden kann der Erfolg noch durch Belohnungen. Doch welche wirken? Häufig wird in Familien und

Unternehmen mit materiellen Anreizen motiviert. Doch Vorsicht: Wenn Geld als externer Anreiz für eine Tätigkeit eingesetzt wird, verlieren die Menschen das innere Interesse an der Tätigkeit. Wie wir in der Praxis täglich sehen können, nutzt sich die Wirkung ab und die Langzeitmotivation leidet. So kenne ich viele Unternehmen, bei denen die Mitarbeiter nicht nur Essensgeld und Massagen am Arbeitsplatz bekommen, sondern auch ein dreizehntes Gehalt und Diensttelefone. Doch die Mitarbeiter sind wenig motiviert. Hier spielt uns der Botenstoff Dopamin einen Streich, der Belohnungs- und Wohlfühlbotenstoff, der zum Beispiel bei Essen, Trinken, Computerspielen und Geld ausgeschüttet wird. Das Fatale ist, dass er sich durch Wiederholung abnutzt und die Dosis erhöht werden muss, um den gleichen Belohnungseffekt zu erzielen.

Geld als Mittel der Motivation hat seine Wirkung in der heutigen Arbeitswelt eingebüßt. Als Routine und Wiederholung Tagesgeschäft waren, konnte man damit einen Anreiz für Pflichterfüllung setzen. Heute sind Mitdenken, Kreativität und Engagement gefragt. Diese werden über den Inhalt der Aufgabe, die Freude daran, das Gelingen oder das Gefühl, nützlich zu sein und Sinnvolles zu tun, gefördert. Externe Belohnungen engen hier den Blickwinkel eher ein, verhindern Breite und Tiefe des Denkens, weil nur auf schnelle, oberflächliche Erfolge geachtet wird. Für Veränderungsprozesse heißt das: Ein gutes »Wofür« hilft Ihnen weiter. Dann genießen Sie den Weg und nicht nur das Ergebnis.

Wenn wir uns in diesem Kapitel klar darüber geworden sind, dass wir uns selbst durchaus verändern können, bliebe die Frage, ob wir die äußere Umwelt verändern können. Von dieser Frage ausschließen möchte ich das Verändern anderer Menschen. Oft sagen mir Menschen, sie seien ja guter Dinge und optimistisch, doch die anderen eben nicht. Dazu gibt es nur zu sagen, dass es nicht unsere Aufgabe ist, andere zu verändern – es sei denn, was meist nicht der Fall ist, sie bitten uns dabei um Hilfe. Wir können den Partner, der zu viel arbeitet, nicht ohne sein Zutun verändern. Dabei werfen wir nicht nur mit vollen Händen unsere Lebensenergie zum Fenster hinaus, wir handeln außerdem nach unserer Sicht der Dinge. Wir haben kein Recht zu bewerten, wie jemand sein soll. Auch nicht, wenn es aus unserer Sicht jemandem besser gehen würde, wenn … Es ist und bleibt unsere Sicht. Fragen Sie sich doch einfach, wie sehr Sie es sich wünschen, dass andere Menschen Ihnen sagen, wie Sie sein und sich verhalten sollen. Ich nehme an, gar nicht.

Ist das Leben beeinflussbar?

Kommen wir zu der Frage zurück, ob wir Umstände verändern können. Können wir unser Leben verändern? Ja, natürlich. Sie können Ihr Auto verkaufen, einen anderen Job annehmen oder umziehen. Aber es gibt Grenzen. Sie werden das Steuerrecht und das Wetter in Deutschland nicht verändern. Doch Sie können die Situation verlassen, wenn Ihnen Steuer oder Wetter nicht gefallen. Die Frage ist, welchen Preis Sie bereit sind dafür zu zahlen und ob es überhaupt nötig ist.

Die größte Energieverschwendung ist aus meiner beruflichen Erfahrung zu hadern, statt zu handeln. Da ist die junge Abteilungsleiterin, die Karriere machen und eine Familie gründen will. Am Ende hat sie nichts von beidem. Weil sie jahrelang schwankt und nicht handelt. Da ist der 60-Jährige, der von seiner Frau betrogen wurde und dies nicht verzeiht. Doch statt zu gehen, zerstört er mit dem Hin und Her zwischen Liebe und »Ich kann ihr nicht mehr vertrauen« die Beziehung selbst mit. Eine Situation können Sie akzeptieren, dann hören Sie auf zu hadern, verändern, dann tun Sie, was zu tun ist, oder verlassen. Sie kennen diesen Spruch sicher, doch leben Sie ihn schon?

Häufig müssen Dinge aber gar nicht verändert werden. Sondern wir sind dran. Damit, unsere Perspektive zu ändern, unser Verhalten zu ändern, unsere Überempfindlichkeit abzubauen und so weiter. Wenn wir glücklich in Hamburg leben und die wenige Sonnenzeit im Jahr beklagen, dann ist nicht das Wetter das Problem. Sondern, dass wir gut und gern in dieser Stadt leben und uns trotzdem immer wieder über das Wetter aufregen. Genauso ist es in allen anderen Lebensbereichen. Wenn Sie Ihre Haltung zu den Dingen überprüfen, müssen Sie meist schon nichts mehr ändern. Vor allem, wenn auf der Plusseite so vieles steht.

Unsere objektiven Lebensumstände haben erstaunlich wenig damit zu tun, wie hoch wir unsere Zufriedenheit einschätzen. Das heißt, positive Ereignisse müssen nicht zufriedener machen, negative nicht unglücklich. Beides wird im Vorhinein völlig überschätzt. So ist zum Beispiel die finanzielle Zufriedenheit nicht nur vom Gehalt abhängig, sondern vielmehr von dem Gefühl, sich leisten zu können, was man sich wünscht. Die subjektive Wahrnehmung objektiver Tatsachen ist der Dreh- und Angelpunkt und Ihre Chance für das Wohlbefinden.

Es macht auch einen Unterschied, wann Sie über die Zufriedenheit mit Ihrem Leben nachdenken. Haben Sie sich zuvor mit etwas Angenehmem oder Unangenehmem befasst? Das strahlt auf die Beantwortung der Frage aus. Ein praktischer Tipp: Wenn Sie etwas Unangenehmes fühlen, können Sie das ausgleichen, indem Sie an etwas Angenehmes denken. Für die Veränderung von Umständen spielt die Frage »Was motiviert Sie?« eine wichtige Rolle.

Grundsätzlich motiviert Menschen das Streben nach etwas Angenehmem und das Vermeiden von Unangenehmem. Ist die Aufmerksamkeit auf etwas Angenehmes gerichtet, entstehen Eifer und Optimismus. Bei Erfolg, zum Beispiel einer Beförderung, kommen Zufriedenheit und die Motivation zur Wiederholung hinzu. Steht der Vermeidungsfokus im Vordergrund, sind wir eher wachsam und haben geringe Erfolgserwartungen. Bei Erfolg, in diesem Fall dem Nichteintreten eines Ereignisses, sind wir erleichtert und beruhigt, die Motivation zur Vermeidung nimmt ab. Sie können Ihren Fokus gezielt lenken. Definieren Sie zum Beispiel die Abgabe eines Angebotes als Pflicht, werden Sie genauer arbeiten und besonders versuchen, Fehler zu vermeiden. Definieren Sie es als Wunsch, werden sie lockerer rangehen und leichter kreativ sein.

Um Dinge zu verändern, müssen Sie eines in jedem Fall: Handeln. Nach Comelli und v. Rosenstiel (zit. in Büser et al.) sollten bestenfalls drei Faktoren zusammenkommen:

1. Motivation (Wollen),
2. Kompetenz (Können) und
3. eine Chance.

Ihr Können wird beeinflusst durch bewusstes Wissen, unbewusstes Können und ihre körperliche Leistungsfähigkeit. Nun ahnen Sie sicher, warum so viele Veränderungen nicht zustande kommen. Es fehlt an dem einen oder anderen.

Wir können also festhalten, dass Veränderungen im Außen möglich, aber nicht immer nötig sind. Meist dürfte es um uns selbst und unsere Sicht, Muster, unsere falschen Erwartungen und Ähnliches gehen. Nun höre ich förmlich Ihre Frage:

Warum immer ich?

Ich bin mir sicher, diese Frage haben Sie sich auch schon einmal gestellt. Die meisten Menschen haben den Eindruck, dass sie mehr leisten als andere. So wie in Experimenten die Mehrheit der Befragten auch angibt, besser Auto zu fahren als der Durchschnitt. Diese subjektive Verzerrung der Wahrnehmung unserer Leistungen wäre vergnüglich, würde sie nicht dazu führen, dass wir irgendwann aufhören, uns zu engagieren.

In Beziehungen zum Beispiel nehmen viele Menschen ein Ungleichgewicht wahr. Insbesondere Frauen führen oft eine Art »innere Strichliste« darüber, wie oft sie nachgegeben, sich angepasst oder mehr geleistet haben als der Partner. Irgendwann kommt dann ein »Genug«. Die Strategie hat damit zu tun, Auseinandersetzungen zu scheuen, gern gut ankommen zu wollen und sich Liebe zu verdienen. Die Ursache dafür sehe ich in unserer biographischen Entwicklung, während der kaum einer genug Bestätigung für sein »Richtig-Sein« bekommen hat. Wir hören viel öfter, was wir nicht sind und nicht können, woran wir arbeiten müssen und was wir lernen sollten.

Auch unsere Selbstwahrnehmung als eine talentierte, wertvolle Person wird durch Kommentare wie »Was glaubst du eigentlich, wer du bist?« oder »Wer hoch fliegt, wird tief fallen«, die Konzentration auf schlechte statt gute Noten, die vielen »Neins« in unserem Leben oder Kritik an fantastischen Ideen und Träumen von klein auf abtrainiert. Eine Kindergärtnerin erzählte mir einmal, wie schwer es schon Kindern fällt, sich auf die Schulter zu klopfen und zu sagen »Ich bin gut«. So erwarten wir ein Leben lang die Bestätigung dafür von außen. Wir hoffen den Partner, den Chef, die Freunde zu treffen, die erkennen, wie nett, klug, toll wir sind. Da wir dies selbst aber nicht denken, werden wir dies auch nicht ausstrahlen, und so wird es anderen Menschen schwerfallen, unsere Talente wahrzunehmen. Tun sie dies doch, dann wehren wir schnell ab und machen das Gelobte klein. So sehr wir uns Lob und Anerkennung wünschen, so wenig können wir damit umgehen. Im schlimmsten Fall wehren wir uns so lange dagegen, bis auch die anderen damit aufhören. Oder wir werden zu Narzissten, die gar nicht genug bekommen.

Das wirkungsvollste Mittel, um Anerkennung zu bekommen, scheint Leistung zu sein. Hier gibt es einige Unterschiede in Bezug auf die Geschlechter: So werden Mädchen noch immer dazu erzogen, hübsch und nett (und inzwischen gern auch intelligent), vor allem aber tüchtig und stets für andere da zu sein. Jungen sollten tapfer und mutig sein, lebenstüchtig und clever. Die Erziehung geschieht oft ganz unbewusst, über Modelle und Vorbilder. Wir lernen dies und Ähnliches und hoffen, wenn wir uns so verhalten, die Liebe und Anerkennung unserer Eltern, später der Partner, Kollegen und Chefs zu bekommen.

Leider geht diese Rechnung selten auf. Vor allem deshalb, weil die anderen unsere Leistung gar nicht als solche empfinden. Sie haben meist nicht darum gebeten und kennen unseren Preis dafür nicht. Können sie auch nicht, weil der Leistende ihn nicht kommuniziert, sondern die Hoffnung hegt, der andere wüsste schon, was das alles zu bedeuten hat. Ein Beispiel: Psychologen gehen davon aus, dass es verschiedene Formen gibt, Liebe auszudrücken. Materiell, verbal, körperlich, mit Engagement. Wenn ein Mann bevorzugt den Weg des Engagements geht, die Frau aber auf verbale Reaktionen wartet, werden beide bald unzufrieden sein. Er wird nicht nur ihre Winterreifen wechseln, sondern auch das Auto putzen, den Luftdruck prüfen und Waschwasser nachfüllen. Sie wird dies nicht nur kaum bemerken, sondern sich beschweren, dass er nie sagt, dass er sie liebt.

Gleiches gilt bei der Arbeit. Wie oft wird in vorauseilendem Gehorsam mehr geleistet als gefordert war, werden Bedürfnisse nur verdeckt angemeldet, deren Nichterfüllung dann beklagt wird. Doch es ist etwas anderes, ob Sie Ihrem Chef sagen, dass Sie ihn gern bei einem Projekt unterstützen, oder dass Sie bei Entscheidungen einbezogen werden wollen. Bei ersterem wird der Chef meinen, dass er keine Hilfe braucht und auf die Angelegenheit nicht mehr zurückkommen. Es scheint ja um ihn zu gehen, was nicht stimmt. So könnten Sie sich dann zurückgewiesen fühlen. Bei der zweiten Variante erkennt der Chef, dass Sie ein Bedürfnis haben, dessen Nichterfüllung ein Problem werden kann.

! Egal wohin wir schauen, wir tendieren dazu, zu wenig auf unsere Bedürfnisse zu achten, sie zu kommunizieren und dafür einzustehen. Daher kommt dann irgendwann die Frage: »Warum immer ich?«

Wir alle wissen, dass diese Lebensstrategie viel Kraft kostet, weil sich zu hoher Einsatz, mangelnde Anerkennung des Einsatzes und fehlende Selbstfürsorge summieren. Da ich überzeugt davon bin, dass wir uns und die Dinge ändern können, möchte ich Ihnen ein gutes Argument dafür geben, sich von der Frage »Warum immer ich?« zu verabschieden und das nächste Mal selbst aktiv zu werden. Das Argument lautet: Weil es Ihnen dann besser geht. Und – weil der einzige Weg, dass es Ihnen besser geht, der ist, dass Sie aktiv werden. Ändern Sie das Vorzeichen. Weniger gegen sich, mehr für sich.

Was ist Ihr wichtigstes Ziel zur Vorbereitung auf eine optimale berufliche Zukunft?

_____

_____

Vielleicht fällt Ihnen sofort etwas ein, das Sie schon immer erreichen wollten, zum Beispiel »Ich bleibe gelassen« oder »Ich nehme mit Freude an Weiterbildungen teil«. Andernfalls betrachten Sie einfach einmal einen Bereich bei Ihrer Arbeit, mit dem Sie gerade nicht so zufrieden sind und beschreiben Sie drei bis vier Wünsche. Formulieren Sie immer Ich-Sätze in der Gegenwart. So schreiben Sie gleich ein Programm für Ihr Gehirn. Aus Ihren Wünschen suchen Sie dann Ihren Favoriten aus.

Mein Lieblingsziel:

_____

_____

Wenn Sie beginnen, für sich selbst zu sorgen, werden Sie gelassener sein und mit den Anforderungen des Alltags besser umgehen. Wenn Sie besser für sich sorgen, wird sich auch Ihr Gehirn im Bestleistungsmodus befinden. Das heißt, Sie sind kreativ, finden gute Lösungen, Gedächtnis und Konzentration funktionieren optimal. Wenn Sie mehr von Ihren psychischen Ressourcen nutzen, wird das einfach nur guttun – Ihnen und anderen. Wenn es Ihnen gut geht, strahlen Sie das aus, sind weniger angreifbar und alle haben etwas davon. Oder haben Sie jemals einen Zahnpastagrundsatzstreit angefangen, wenn Sie entspannt aus der Sauna gekommen sind? Nervt Sie das Surren des Kopierers, wenn Sie gut erholt aus dem Urlaub kommen? Vermutlich tut es das eher dann, wenn Sie sich – in der Regel für andere – verausgabt und überfordert haben.

Wenn wir vom Möglichen gesprochen haben, heißt das nicht, dass das ressourcenorientierte Leben leicht wird. Deshalb befassen wir uns im nächsten Kapitel mit den objektiven Hindernissen.

2. Hindernisse auf dem Weg ins Arbeitsglück – Äußere Bedingungen

Nicht immer ist die Welt, wie sie uns gefällt

Kennen Sie die Stressoren und Belastungsfaktoren aus Ihrer Umwelt? Ich möchte darauf zu sprechen kommen, weil wir uns an so vieles angepasst haben und es als normal ansehen, obwohl es uns nicht guttut. Auch hier fällt uns die Haltung auf die Füße, Dinge hinzunehmen statt nachzudenken, was zu uns passt. Oft merken wir dann erst durch Krankheiten, dass wir nicht richtig leben. Ein einzelner Belastungsfaktor kann von unserem Körper locker ausgeglichen werden. Anders sieht es aus, wenn sich viele summieren und das über längere Zeit.

Fangen wir doch einfach morgens an. Wie ist Ihr Bett? Ist die Härte der Matratze angenehm oder ärgern Sie sich jedes Mal, wenn sich Ihr Partner umdreht, dass Sie mitwippen oder dass es knarrt? Haben Sie Ihr Handy neben dem Bett liegen und schauen in der Frühe gleich mal nach, was so los ist? Wie viel Technik steht in Ihrem Zimmer und wie werden Sie geweckt? Von hämmernder Musik oder dem lauten Piepen eines Weckers? Oder geben Sie sich eine Chance, langsam und angenehm munter zu werden?

Auf geht es ins Badezimmer. Wie viele verschiedene Chemikalien benutzen Sie? Duschgel, Haarwäsche, Conditioner, Festiger, Gel, Rasierwasser, Rasierschaum, Zahnpasta, Mundwasser, Hautpflege für die Augen, für die Lippen, für das Gesicht, den Körper, die Füße. Haarspray, Deo, Wimperntusche, Lippenstift, Rouge. Sie nutzen für Ihr Handtuch sicher ein Waschmittel und einen Weichspüler. Nun noch ein schöner Duft für den Tag. Läuft der Fernseher, Computer oder das Telefon in der Küche? Was essen und trinken Sie? Künstlichen Erdbeerjoghurt, fettreduzierte Milch, süße Getränke, Toast? Dass das zucker- und stärkelastige Müsli gesund sein soll, darf zu Recht als einer der größten Erfolge der Werbeindustrie gelten. Gleich gefolgt von Margarine mit Transfetten und Körnerbrot mit Weizen und Malz. Alles für sich könnte der Körper locker wegstecken, die Menge ist gefährlich.

Sie sind sicher in wenigen Minuten mit dem Frühstück fertig und haben den Kaffee noch in der Hand, während Sie per Fahrstuhl zum Auto hetzen und gleich die Nachrichten hören. Im Büro warten mehrere Telefone auf Sie und natürlich offene Türen, damit Sie alles von nebenan mitbekommen. Die Sonne scheint auf Ihren Schreibtisch, die Hitze ist unerträglich. Eine kalte Cola hilft scheinbar. Der Garten vor dem Haus sieht Sie nur in Ausnahmefällen. Sie haben ja keine Zeit und bleiben besser vor Ihrem Computer sitzen. Der Lärmpegel in der Kantine konkurriert mit der Qualität des Essens, das seit mehreren Stunden gewärmt wird. Die Kollegen haben nur mal schnell eine Frage. Mehr Kaffee am Nachmittag und etwas Alkohol am Abend helfen Ihnen, durchzustehen.

Vielleicht stehen Sie auch in einem Geschäft, in dem mit Musik und Düften für Kaufstimmung gesorgt wird. Bei jedem Kunden, der den Laden betritt, läutet eine Klingel? Ihr Stuhl begleitet Sie seit vielen Jahren, die Höhenverstellung funktioniert schon lange nicht mehr. Sie gehen schnell noch auf einen Empfang Ihrer Kunden mit Musik und lauten Gesprächen, danach toben Sie sich beim Badminton auf einem der sechs Hallenplätze aus und rasen anschließend über die Autobahn nach Hause. Aspirin hilft gegen Kopfweh. Die Schlaftabletten wollten Sie eigentlich nicht mehr nehmen, aber heute ist eine Ausnahme, weil der Tag so anstrengend war. Nachts werden Sie dennoch munter und sind unruhig. Am besten hilft es, fernzusehen. So schlafen Sie dann auf dem Sofa ein und sind morgens ganz gerädert. Sie träumen von Ihrem Urlaub, für den Sie möglichst weit weg fliegen. Der Kaffee auf dem Weg zur Arbeit macht Sie wieder munter …

Ich höre hier an dieser Stelle auf. Reflektieren Sie doch einmal, was alles auf Sie zutrifft und welche besonderen Umstände bei Ihnen noch dazukommen.

Kurz zusammengefasst haben wir:

zu viel Lärm • zu viel Tempo • zu viele Reisen • zu viele Geräusche • zu viele Informationen • zu viele Veränderungen • zu viel Chemie und Künstliches • zu viel Zucker, Alkohol und Nikotin • zu viele Bildschirme

zu wenig Struktur • zu wenig Rituale • zu wenig Stille • zu wenig Ruhe • zu wenig Frisches, Natürliches • zu wenig Rückzug • zu wenig Natur • zu wenig Wasser • zu wenig Erholung • zu wenig Schlaf.

So weit zu den Belastungsfaktoren in unserer Umwelt. Im siebten Kapitel werden wir uns mit Möglichkeiten befassen, diese auszubalancieren. Hier möchte ich zunächst Ihre Aufmerksamkeit schärfen. Ich habe bewusst mit der Umwelt begonnen, denn die oft als Stressor beklagte Arbeit ist nur ein Teil eines größeren Ganzen. Schauen wir also nun auf die Welt der Arbeit.

Ihre Arbeitsbedingungen auf dem Prüfstand

Wenn ich Sie heute fragen würde, wie sich die Welt der Arbeit verändert hat – was würde Ihnen einfallen? Tendenziell eher die Erleichterungen und neuen Möglichkeiten, oder die Belastungen und Unsicherheiten? So bedenklich auch einige Nachrichten aus der Welt der Arbeit sind, gilt es doch, bewusst zu relativieren.

Wir sollten immer bedenken, dass unsere Wahrnehmung von unseren Gedanken, Erfahrungen, Erwartungen und Gefühlen geprägt ist und von dem, was wir in unserem Alltag gewohnt sind. Dazu gehört eine tendenziell eher negative Berichterstattung unserer Medien auch über die Arbeit und diesbezügliche Umfragen und Analysen.

Die Unternehmensberatung Towers Watson hat in der Global-Workforce-Studie 2010 20 000 Mitarbeiter in 27 Ländern befragt und 67 Prozent hoch und moderat motivierte und nur 6 Prozent nicht motivierte Menschen gefunden. Haben Sie davon gelesen? Wahrscheinlich nicht. Viel lieber werden die Ergebnisse der Gallup-Studien aufgegriffen, die über schlechte Motivation und innere Kündigung berichtet.

In der TK-Stressstudie 2013 sagten 48 Prozent der Befragten, dass Stress anspornend sei. Auch wenn man die Handlungshilfe für die Praxis der Bundesanstalt für Arbeitsschutz und Arbeitsmedizin näher betrachtet, relativiert sich die Einordnung. Arbeitsbedingter Stress wird verstanden als »emotionale und psychophysiologische Reaktion auf ungünstige und schädliche Aspekte der Arbeit, des Arbeitsumfeldes und der Arbeitsorganisation. Stress ist ein Zustand, der durch hohe Aktivierungs- und Belastungsniveaus gekennzeichnet ist und oft mit dem Gefühl verbunden ist, man könne die Situation nicht bewältigen« (Europäische Kommission, Generaldirektion V, 1997).

Der Begriff »Belastung« ist in unserem Sprachgebrauch eher negativ belegt, wird aber zunächst als Anforderung von außen aus Arbeitsumfeld, der Arbeitssituation oder Arbeitsumgebung sowie organisatorischen Rahmenbedingungen verstanden. Durch die Belastungen, die wir im Job erfahren, kommt es zu Reaktionen auf körperlicher und psychischer Ebene. Sie können positiv und negativ sein. Positiv wären der Erhalt und Ausbau der Leistungsfähigkeit, die Erweiterung von Fähigkeiten und Fertigkeiten, die Steigerung von Motivation, Arbeitszufriedenheit und Gesundheit. Dem stehen negative Reaktionen gegenüber wie das Gefühl der Überforderung, Fehler, Minderleistung, Beeinträchtigung der Fertigkeiten, Fähigkeiten und Gesundheit.

Wann also wird positiver Stress zu negativem? Externe Anforderungen am Arbeitsplatz treffen immer auf interne Leistungsvoraussetzungen. Dies wird bei der Betrachtung der Veränderungen in der Arbeitswelt gern außer Acht gelassen. In der Regel werden ja nicht objektiv negative Belastungen wie fehlendes Licht oder Lärm beklagt, sondern Belastungen, die subjektiv als negativ erlebt werden. Eine größere Arbeitsmenge an sich ist zum Beispiel nicht unbedingt ein Problem. Oft geht es aber eher darum, dass die Arbeitsorganisation nicht angepasst wird, Perfektionismus zu viel Zeit kostet oder man nicht Nein sagen kann. Wenn beides zusammenkommt, wenn also die Anforderungen zu hoch sind und uns die Fähigkeiten oder Voraussetzungen, sie zu bewältigen, fehlen, erleben wir das als negativen Stress. Wenn wir uns nicht weiterbilden können, körperlich nicht fit sind oder schlecht geschlafen haben, können sogar geringste Anforderungen eine Überforderung für uns sein.

Auch engagierte Mitarbeiter brauchen Pausen

Unser individuelles Arbeitsengagement ist relativ stabil und kann an verschiedenen Tagen variieren. Eine hoch engagierte Person hat also auch einmal Tage mit wenig Engagement und umgekehrt. Dies hängt mit aktuellen Ereignissen zusammen. Der Arbeitsalltag ist ein Zyklus von Arbeit und Erholung. Morgens ist man am fittesten, dann kommt die Anstrengung bei der Arbeit. Während der Arbeit wird Kraft verbraucht, die durch Pausen oder den Feierabend wieder aufgefüllt wird.

Wer am Morgen gut erholt ist, hat ein höheres Arbeitsengagement. Ein hohes Arbeitsengagement wiederum führt zu einem besseren Erholungsniveau. Das Ausmaß des Engagements kann von den äußeren Umständen beeinflusst werden. Eine negative Wirkung haben Ereignisse, die Ärger oder negative Emotionen auslösen und so die Aufmerksamkeit von der Arbeit ablenken, mehr aber noch ein Mangel an Informationen oder fehlende Mittel, um die Arbeit erledigen zu können. So wird eine Extraanstrengung nötig, die Kraft verbraucht.

Hohes Arbeitsengagement führt nicht unbedingt zu emotionaler oder physischer Erschöpfung, die das Privatleben negativ beeinflusst. Vielmehr gehen Menschen nach einem engagierten Tag mit einem besseren Erholungsniveau nach Hause als nach einem wenig engagierten. Das wichtigste Fazit ist, dass Menschen in einem guten Erholungszustand zur Arbeit kommen sollten, was guten Schlaf und dafür ein Loslassen der Arbeit am Abend voraussetzt.

Was macht uns Stress?

Zurück zu den potentiellen Stressoren am Arbeitsplatz. Die Bundesanstalt für Arbeitsschutz und Arbeitsmedizin nennt hierfür Zeit- und Leistungsdruck, geringe Entscheidungsspielräume, mangelnde Unterstützung und Anerkennung, aber auch Defizite in der Arbeitsorganisation, die nicht nur dem Unternehmen geschuldet sind, sondern auch mit mangelnder Qualifikation des Einzelnen zu tun haben können. Leistungsverdichtete Arbeit, Daueraufmerksamkeit, Arbeit unter Kontroll- und Termindruck oder und mit geringem Handlungsspielraum, fehlende soziale Unterstützung und mangelnde Anerkennung werden als Stressoren herausgehoben. Über viele Studien hinweg werden am häufigsten Druck, fehlende Anerkennung und Handlungsspielräume als Belastungsfaktoren benannt.

Tobias Büser und seine Kollegen gingen der Frage nach, was verhindert oder fördert, dass Mitarbeiter 100 Prozent Leistung erbringen. Sie konnten zeigen, dass Demotivation teuer ist. Der Verlust an Produktivität und Arbeitsleistung beträgt im Schnitt 29,9 Prozent. Der Verlust an Arbeitsfreude im Schnitt 42,1 Prozent. Die Forscher zeigten ebenso, dass es ohne das Gefühl von Sinn keine Top-Leistung gibt. Sinn ist ein wichtiger Motivator. Der Führungsstil der Vorgesetzten der hoch Motivierten ist im Vergleich zu den gering Motivierten neben der Sinnvermittlung gekennzeichnet durch die Förderung der persönlichen Weiterentwicklung.

Stehen Belastungsfaktoren auf der einen Seite, wurde auf der anderen die Gesundheitsförderung entwickelt. Für den Arbeitsplatz bedeutet das die Schaffung von guten Rahmenbedingungen, bei denen sich in den letzten Jahren in Deutschland extrem viel getan hat. Es ist aber auch wichtig, die Mitarbeiter dabei zu unterstützen, selbst gut für sich, ihre Motivation, ihre Gesundheit und ihr Wohlbefinden zu sorgen. Beide Seiten sind gefragt. Pausen- oder Urlaubszeiten sind wirkungslos, wenn sie nicht zur Erholung genutzt werden. Die modernsten Computer nutzen nichts, wenn man acht Stunden ohne Erholung davor sitzt. Die Weiterbildungsangebote verpuffen, wenn sie lästige Pflicht sind, und Handlungsspielräume sind schöne Theorie, wenn sie nicht in Anspruch genommen werden.

Belastungen im Alltag

Wir leben in einer Welt, die voll von Informationen und Angeboten ist. Wir müssen uns ständig orientieren und aus der Flut der Möglichkeiten auswählen. Dies hat zwei Konsequenzen: Zum einen fürchten wir permanent, etwas Besseres zu verpassen. Zum anderen orientieren wir uns zu sehr an materiellem Wohlstand und dessen ständiger Vermehrung.

Der Wirtschaftswissenschaftler Richard Easterlin befragte junge Amerikaner, welche Besitztümer sie haben und was ihnen fehlt, um glücklich zu sein. Im Durchschnitt war der angenommene Maßstab für Glück 3,1 Gegenstände. 1,7 dieser Gegenstände besaßen die Befragten bereits. 16 Jahre später wurden diese Personen das Gleiche gefragt. Sie besaßen 4,4 Güter und meinten, 5,6 würden sie glücklich machen. Wir haben längst alles, was wir brauchen, und merken es nicht einmal, sondern schrauben die Ansprüche höher und höher.

Ich halte dies für ein gesellschaftliches Phänomen, das natürlich von jedem Einzelnen unterschiedlich erlebt und gelebt wird. Doch zunächst einmal sind wir in diesem Geist aufgewachsen. Das ist insofern nachvollziehbar, als noch meine Elterngeneration eine Kriegsgeneration war, der es tatsächlich an allem mangelte. Der Wunsch, Wohlstand zu schaffen und zu leben, ist in diesem Zusammenhang absolut verständlich. Doch inzwischen haben wir kein Maß mehr. Wir schuften immer mehr für die Erfüllung von Wünschen, denen immer neue folgen. Die Quantität der Dinge scheint über der Qualität des Seins zu stehen.

Der Stress mit dem Stress

Dazu passt auch die erstaunliche Tatsache, dass laut einer Forsa-Umfrage Jahr für Jahr der liebste Vorsatz der Deutschen ist, weniger Stress zu haben. Offenbar gelingt es ihnen jedoch nicht, diesen Vorsatz auch umzusetzen. Denn sonst stünde er ja im Folgejahr nicht schon wieder auf der Tagesordnung. Auch dies halte ich zum großen Teil für eine Frage der Denkkultur und der gesellschaftlichen Normen. Wir werden im sechsten Kapitel näher darauf eingehen. Allerdings sind es auch Gewohnheit und Bequemlichkeit, die uns daran hindern, Dinge zu ändern, die uns stören. Solange es nicht zu sehr wehtut, lassen wir alles beim Alten. So antworten in einer Umfrage von CosmosDirekt etwa 60 Prozent der Menschen auf die Frage: »Würden Sie für mehr Zeit Ihre Lebensweise ändern?« mit Nein. Kein Wunder also, dass sich in Sachen Stress nichts tut. Persönliche Veränderungen sind schwer und unser ganzes Kultursystem würde ins Wanken geraten, wenn wir uns plötzlich mit dem zufriedengeben würden, was wir haben.

Immer auf Draht

Auch beim Thema ständige Erreichbarkeit kann man gut sehen, wie Objektives und Subjektives Hand in Hand gehen. Der Handy- und E-Mail-Boom hat längst unser Privatleben erreicht und treibt dort das größte Unwesen. Mit dem

Druck der Erreichbarkeit ist zunächst gemeint, nach Feierabend, an Wochenenden und im Urlaub erreichbar zu sein und zwar per Mail oder Telefon.

In einer Studie aus dem Jahr 2010 zeigte sich, dass 84 Prozent der Befragten außerhalb der Arbeitszeiten für dienstliche Belange erreichbar sind, knapp 51 Prozent permanent. Allerdings wird nur von 27 Prozent erwartet, dass sie erreichbar sind. Das Gefühl, immer erreichbar sein zu müssen, ist also in den meisten Fällen unbegründet. Knapp 80 Prozent der Befragten wissen, dass der Arbeitgeber es akzeptiert, wenn sie außerhalb der Arbeitszeit nicht erreichbar sind. Etwa 60 Prozent stimmten sogar der Aussage zu: »Mein Arbeitgeber achtet darauf, dass Beschäftigte nach Feierabend auch tatsächlich frei haben«!

Viele Menschen sagen, die ständige Erreichbarkeit sei für sie sogar von Vorteil. Zum Beispiel, weil es ein besseres Gefühl gibt, dass Kollegen schnell mal etwas fragen können oder man im Urlaub weiß, was so los ist. Es sei beruhigend, alles mitzubekommen. Eine flexible Arbeitsgestaltung ist auch gerade durch die Erreichbarkeit zum Beispiel im Homeoffice möglich. Man ist zeit- und ortsunabhängiger und kann Leistungshochs individuell nutzen. Zu bedenken ist aber auch, dass wir es mit Übereifer, Status- und Identitätsfragen zu tun haben. Wir lieben es, alles unter Kontrolle zu haben und unersetzlich zu sein. Wenn wir nicht aufhören können, zu arbeiten, sollten wir aber vielleicht erkennen, dass wir unsere Arbeit falsch organisieren. Oder ganz schlicht, dass wir zum Workaholic geworden sind. Darauf werde ich im nächsten Kapitel eingehen.

Die offensichtlich selbst gewählte ständige Verfügbarkeit durch technische Geräte kostet uns eine Menge. Umso mehr, je weniger sie selbst bestimmt ist. Arbeitnehmer, die ständig erreichbar sind, fühlen sich gehetzter, depressiver und haben mehr Schlafprobleme. Weil es keinen klaren Schnitt zwischen Arbeit und Erholung mehr gibt und die Arbeit immer näher an den Schlaf rückt, finden wir keine Ruhe und diese ist die Voraussetzung für einen guten Schlaf. Die Technisierung generell führt zu mehr Tempo in unserem Leben. Auch interessant festzustellen ist, dass fast jeder auf der einen Seite Tempo und E-Mail-Flut beklagt, auf der anderen aber Druck macht, wenn eine E-Mail nicht sofort beantwortet wird. Hinzu kommt der Technikstress an sich. Wer die Besitzer von Mobilgeräten mit ihnen kämpfen sieht, weiß was gemeint ist, und wer sich immer wieder in neue Programme einarbeiten muss, verschwendet viel Zeit. Mithalten, dabei sein, das neueste Modell haben. Das alles sind subjektive Übertreibungen objektiv veränderter Möglichkeiten.

Wir wissen alle, dass niemand zwei anspruchsvolle Dinge gleichzeitig tun kann. Mobiltelefone und Computer haben also in Besprechungen nichts zu suchen. Der Augenblick geht immer vor, der Mensch hier und jetzt geht vor. Wer etwas so Wichtiges zu tun hat, dass es nicht warten kann, sollte nicht ins Meeting kommen. Inzwischen gibt es schon Trainingsprogramme, die Offline-Kompetenz vermitteln. So weit ist es schon gekommen, dass wir es scheinbar nicht mehr allein schaffen, abzuschalten. Dies ist ein typisches Zeichen von Sucht – wir glauben, es müsse so sein und gehe auf gar keinen Fall anders.

! Machen Sie sich klar, dass E-Mails ansehen Arbeit ist, Arbeitszeit. Bieten Sie nicht von sich aus an, immer erreichbar zu sein. Seien Sie als Führungskraft Vorbild und schreiben Sie am Wochenende keine Mails.

Ich weiß, das alles ist leichter gesagt als getan. Testen Sie doch mal, wie lange Sie es an einem ganz normalen Tag aushalten, nicht immerzu in die E-Mails, Facebook oder SMS zu schauen. Ich weiß aus eigener Erfahrung, wie schwer das ist. Denn sofort kommt die Angst, nicht dabei zu sein, etwas zu verpassen, Erwartungen nicht zu genügen. Es geht bei Weitem nicht darum, technische Errungenschaften zu ignorieren. Sondern darum, sie bewusst und sinnvoll einzusetzen, die Technik im Griff zu haben, statt von der Technik beherrscht zu werden. Wir treffen die Entscheidungen.

3. Der selbstgemachte Stress – Innere Einstellungen, die blockieren

In diesem Kapitel befassen wir uns mit der Betrachtung subjektiver Gewohnheiten und Mechanismen, die uns im Alltag Kraft kosten, negativen Stress bringen und uns von einem optimalen Leben mit unseren Ressourcen abhalten.

Was ist objektiv, was ist subjektiv? Schon im letzten Kapitel haben wir gesehen, dass es gar nicht so einfach ist, dies klar zu trennen. Ich werde nicht müde zu betonen, dass nicht die objektiven Bedingungen an sich Schwierigkeiten verursachen, sondern unser Umgang damit. Und dass wir jeden Tag viele Entscheidungen treffen, aus denen sich über Tage, Monate und Jahre unser Leben formt. Meist vergessen wir das, wenn wir eine Arbeit, einen Partner oder Körper haben, der uns nicht froh macht. Umso entscheidender ist es, die eigenen Spielräume zu sehen und zu nutzen. Beim Thema Arbeit ist es mir wichtig zu zeigen, dass kein Job und kein Chef uns stressen können, wenn wir das nicht zulassen.

Wie aus Arbeit Stress wird

Die TK-Stressstudie 2013 hat erfreulicherweise auch gefragt, ob Arbeit Spaß macht. Die Mehrheit der Menschen sagt Ja, zum Beispiel fast 90 Prozent der Selbständigen. Doch auch die Beamten haben zu 82 Prozent Freude, die

Angestellten zu 70 Prozent. Die Arbeiter allerdings zu weniger als 50 Prozent. Heraus kam auch, dass von diesen »Spaßarbeitern« 85 Prozent selten oder nie gestresst sind.

Unsere Einstellung zur Arbeit hat einen wichtigen Einfluss darauf, wie anstrengend und belastend sie ist. Der Psychologe Tom Rath konnte zeigen, dass engagierte Arbeiter ein ähnliches Glücksniveau an Werk- und Wochenendtagen haben. Das Engagement bei der Arbeit überträgt sich nach seinen Studien auf die Freizeit. Wenig engagierte Menschen haben ein doppelt so hohes Risiko für Depressionen sowie höhere Cholesterin- und Triglizeridwerte, also Risikofaktoren für Herz- und Kreislauferkrankungen. Sie wissen ja sicherlich, dass die Todesursache Nummer eins in Deutschland nicht die gefürchteten Krebserkrankungen, sondern die Herz-Kreislauf-Erkrankungen sind. Grund genug, die eigene Haltung zum Thema Arbeit zu überdenken.

Ein internationales Forscherteam um Livia Thomas konnte nachweisen, dass die selbst wahrgenommenen Stressbewältigungsfertigkeiten nicht nur vor hormonellen Stressreaktionen schützen, sondern auch vor neuronalen. Wer glaubte, gut mit Stress umgehen zu können, hatte also auch weniger Stress.

Wie geht es also zusammen, dass eine Mehrheit der Menschen auf der einen Seite gern arbeitet, sich auf der anderen durch die Arbeit aber auch immer gestresster fühlt und dies sogar Krankheitswert bekommt?

»Früher hat mir meine Arbeit Freude bereitet!«

Diesen Satz höre ich immer häufiger, wenn ich in Unternehmen meine Vorträge halte. Doch stimmt das wirklich? Ich habe drei Thesen dazu formuliert:

1. Es stimmt, weil die Reaktionen der meisten Unternehmen auf wirtschaftlich schwere Zeiten in den letzten Jahren meist in eine Richtung gingen: Immer weniger Menschen mussten in immer kürzerer Zeit immer mehr leisten. Diese andauernde Arbeit am oder über dem Limit zeigt jetzt ihre Spuren. Oder wie ein Unternehmer kürzlich zu mir sagte: »Die Zitrone ist ausgepresst.« Und so fühlt sich das auch an.

2. Es stimmt nicht, und Sie haben sich einfach von einer wachsenden negativen Stimmung anstecken lassen, in der die Lust auf Leistung dem Irrtum geopfert wird, dass unser Unwohlsein von anderen verursacht werden könnte. In Stressumfragen wird immer wieder gern die Arbeit als Stressor Nummer eins genannt. Doch »die Arbeit«, »der Chef« oder »die Kunden« können uns nicht stressen. Es ist vielmehr die Art, wie wir auf die neuen Anforderungen der Arbeitswelt reagieren. Dafür spricht, dass in der TK-Stressstudie 2013 als zweiter Hauptstressor die eigenen Ansprüche an sich selbst genannt wurden.

3. Es stimmt nicht, wir lassen uns nur von unserer Wahrnehmung täuschen. In einer im Auftrag der DAK 2013 durchgeführten Forsa-Umfrage wurde das dritte Mal in Folge die Frage gestellt, was Menschen in unserem Land stresst. Spitzenreiter ist – erwartungsgemäß – der Druck bei der Arbeit mit 51 Prozent. Bemerkenswert ist, dass über die Jahre kein Wachstum stattfindet, sondern 2011 und 2012 die Zahlen bei 51 Prozent beziehungsweise 47 Prozent lagen. Nach Ärger in der Familie und gesundheitlichen Folgen folgt erst auf Platz vier die oft im Arbeitsalltag beklagte Hektik. Sie nimmt in Zahlen objektiviert sogar ab: 44, 43, 40 Prozent! Wir scheinen uns eine Parallelwelt in unserem Kopf zu erschaffen, in der wir die sich ändernden Arbeits- und Lebensbedingungen schlechter bewerten, als sie tatsächlich sind.

Als Folge dieser Bewertung fühlen wir uns gestresster, als wir es sind. Das schmälert die Kapazität unseres Gehirns, für das Stress ein Ausnahme- und kein Dauerzustand ist. Besser wäre, unserer Arbeit eine neue Chance zu geben. Und das könnte so aussehen:

- **Erinnern Sie sich immer mal wieder daran, dass das Wohlbefinden auf der Arbeit den größten Einfluss auf Ihr Gesamtwohlbefinden hat.** Wie stellen Sie das her? Zum Beispiel, indem Sie wahrnehmen, was Sie alles Gutes bei Ihrer Arbeit haben. Sind Sie dankbar, dass Sie diese Arbeit haben? Freuen Sie sich, dass Sie dort interessante Menschen treffen, diesen Schreibtisch, dieses Auto, diese Aufgabe haben? Überall wartet das Wohlbefinden auf uns – wenn wir es treffen wollen und sehen können. Denn um etwas wahrzunehmen, müssen wir es kennen und erwarten, sonst sehen wir es nicht.

- **Schätzen Sie selbst, was Sie leisten.** Viel zu lange haben wir darauf gewartet, dass uns Kollegen oder Chefs mal fragen, wie es uns geht, uns loben oder sehen, was uns gelingt. Sie werden es nicht tun, solange wir unsere Leistungen nicht selbst anerkennen, wir uns selbst nicht wichtig nehmen. Konzentrieren Sie sich auf Stärken. Wer seine Stärken bei der Arbeit nutzt, ist engagierter und hat 40 Stunden in der Woche Spaß. Wer die eigenen Stärken nicht nutzt, brennt schon nach 20 Stunden aus. Egal wie anstrengend die Arbeit ist. Wir werden ganz ausführlich über Stärken als Teil Ihrer psychischen Ressourcen sprechen.

- **Sehen Sie Erfolge von sich und anderen.** Beginnen Sie Teambesprechungen, das Abendessen oder die Reflektion über den Tag mit Gelungenem, mit Erfolgen.

Wenn Ihnen nichts davon gelingen will und Pflicht und Last überwiegen, könnte es sein, dass Sie auf dem Weg in eine gesellschaftlich wertgeschätzte Falle sind: Sie sind süchtig nach Arbeit.

Sind Sie ein Workaholic?

Die 60-Stunden-Woche ist die Regel, nicht die Ausnahme, die Geburtstage der Familie werden von der Sekretärin verwaltet, morgens der Erste, abends der Letzte, Urlaub ist ein Fremdwort und Pausen sind etwas für Schwache. So oder ähnlich hätte bislang die Charakteristik für den Workaholic gelautet. Heute kann man noch ergänzen: immer online, zwei bis drei Telefone bei der Hand, im Urlaub gern erreichbar, in Pausen netzwerken, Effizienz ist das oberste Gebot, in Meetings E-Mails lesen ... Doch der Inhalt ist der gleiche geblieben.

Auch wenn wir meist das Bild eines abgehetzten Anzugträgers vor Augen haben, kommt das Phänomen in allen Berufsgruppen, auch bei Studenten, Rentnern, Hausfrauen und -männern vor. Rastlos tätig kann man einfach überall sein. Es ist auch keineswegs ein neues Phänomen, ähnliche Verhaltensweisen wurden schon in früheren Jahrhunderten beschrieben.

Da es keine eigene Krankheitsklassifikation für den Workaholismus gibt, fehlen Statistiken, wie viele Menschen betroffen sind. Man geht von etwa 300 000 bis 400 000 Betroffenen und 14 Prozent Gefährdeten aus. Zieht man die Burnout-Zahlen hinzu, die ja häufig Ergebnis von maßlosem Tun sind, kommt man laut Stressstudie 2013 der Techniker Krankenkasse auf 16 Prozent Männer und 25 Prozent Frauen.

Falls Sie sich an dieser Stelle fragen, ob Sie nicht einfach

Lust auf und an Leistung haben dürfen – selbstverständlich. Der kleine, feine Unterschied zwischen Engagement und Workaholismus ist, dass der Suchtgefährdete keinen Ausgleich hat, nicht genug auf sich achtet und sich nicht erholt.

Charakteristisch für den Workaholic sind

● aus Sicht des Umfeldes:
Private Termine werden immer wieder vergessen oder gestrichen, sie sind nicht so wichtig ● Unpünktlichkeit bei privaten, aber auch geschäftlichen Verabredungen ● Es wird von Termin zu Termin gehetzt ● Unaufmerksamkeit im Gespräch, die Gedanken sind immer bei anderen Dingen ● Erschöpfung ● sinkende Leistungsfähigkeit.

● aus der Perspektive des Workaholics:
Immer mehr zu tun zu haben ● Sich immer mehr anzustrengen, oft ohne befriedigende Ergebnisse ● Das Gefühl, es sei richtig, so zu leben ● Die falsche Annahme, alles unter Kontrolle zu haben ● Leistungsfähigkeit wird mit Alkohol, geistigen Aufputschmitteln oder/und Schlaftabletten unterstützt ● Unruhig werden, wenn es mal nichts zu tun gibt.

Die Hintergründe sind vielfältig, und wie immer müssen persönliche Eigenschaften und ein entsprechendes Umfeld zusammenkommen. Leider gibt es heute einen gesellschaftlichen Konsens, der das »lustvolle Ausbrennen« eher fördert als hemmt.

Leistung ist eine geförderte Sucht: »Wer viel schafft, ist viel wert« ist das Credo unserer Zeit. Wir finden dank mobiler Geräte kein Ende beim Arbeiten mehr, Überstunden werden nicht als solche empfunden, arbeiten wir einmal nicht, sind wir immer noch in ständiger Betriebsamkeit, lesen E-Mails, joggen oder putzen. Geht nicht, gibt es nicht: Unsere Kultur der Selbstausbeutung ist nicht auf die Arbeit beschränkt, sondern findet genauso im Privatleben statt. Wir leben in einer Welt, in der keiner den ständig wachsenden Ansprüchen mehr gerecht werden kann. Weil es zu viele und zu hohe in allen Lebensbereichen gleichzeitig sind.

Und wir werden älter: Dies ist an sich keine Gefahr. Die Gefahr ist die jahrzehntelange Selbstüberforderung. Wir sind also nicht unbedingt weniger belastbar, weil wir älter sind, sondern weil wir unsere Reserven aufgebraucht haben. Dies versuchen wir durch Anstrengung auszugleichen. Ein Teufelskreis.

Es gibt kein »geschafft« mehr: Wir arbeiten und arbeiten, und es kommt immer mehr. Denken Sie nur noch einmal an die E-Mails. Gerade noch hat man in einer Nachtschicht das Postfach endlich einmal aufgearbeitet, da ist der Zustand nach zwei Tagen wie vorher. Kennen Sie Zielvereinbarungen? Auch sie sind dadurch gekennzeichnet, dass das nächste Ziel, kaum ist das vorherige mit Mühe erfüllt, schon wieder vor einem steht.

Corinna Budras und Lena Schipper haben sich mit Ursachen für zu lange Arbeitszeiten befasst und diese wie folgt zusammengefasst:

- Hohe Anreize wie Gehalt, Status oder auch nur einen besonderen Arbeitsplatz bekommen zu haben
- Die Norm der Gruppe und ungeschriebene Gesetze: Wer keinen Urlaub macht und nachts Mails schreibt, bekommt Anerkennung; keiner will der Einzige sein, der Pausen hält

- Verzerrte Selbstbilder, die eigene Erwartung, Vorbild oder der Beste sein zu müssen
- Alte Glaubenssätze, zum Beispiel: »Der Chef muss morgens der Erste und abends der Letzte sein.« Diese haben wir übernommen und hinterfragen nie, wie sinnvoll sie sind

Ist Wohlbefinden etwas für die Freizeit?

Arbeit und Glück schließen sich in unserer Kultur scheinbar oft aus. Besonders dann, wenn wir schon länger im Job sind. Wir haben von klein auf gelernt, dass Arbeit mit Anstrengung, Überwindung und Verstellen verbunden ist und Freizeit mit Freude, tun, was man mag, und so sein können, wie man wirklich ist. Selbst im Radio wird ab Mittwoch gezählt, wie lange es noch bis zum Wochenende dauert. 50-Jährige haben Maßbänder, bei denen sie abschneiden, wie lange sie noch »arbeiten müssen«. Mögen Sie das, was Sie jeden Tag tun, also die Arbeit? Nur 20 Prozent der Menschen beantworten diese Frage laut Gallup-Studie mit »Ja«. Zwei Drittel der arbeitenden Erwachsenen warten täglich auf den Feierabend.

Auf der anderen Seite würden 58 Prozent der Manager auch mit einer mittelschweren Erkältung zur Arbeit gehen. Nur 9 Prozent würden zu Hause bleiben und sich auskurieren. 18 Prozent heißen es gut, wenn Kranke ins Büro kommen. Das Ergebnis: Präsentismus. 21 Prozent der Mitarbeiter geben im Stressreport 2012 an, bei Krankheit immer arbeiten gegangen zu sein. Im Durchschnitt waren Mitarbeiter 11,5 Tage krank am Arbeitsplatz. Nennen Sie das Engagement? Kranke Mitarbeiter stecken nicht nur mit Bakterien, sondern auch mit negativen Gefühlen an.

Beide Seiten haben gemeinsam, dass es eine relativ klare Haltung gibt: Wohlbefinden sei etwas für die Freizeit und habe nichts mit Arbeit zu tun. Kein Wunder, dass immer weniger Menschen gern arbeiten gehen.

Meist verbrauchen wir auch noch alle Kraft bei der Arbeit und verhalten uns zu Hause, wo die Menschen auf uns warten, die wir am meisten schätzen, so, wie wir es Kunden oder Kollegen gegenüber nie tun würden. Deshalb sollte jeder nach der Arbeit zunächst einmal allein Stress abbauen. Zum Beispiel durch Sport oder zumindest einen kleinen Weg zu Fuß, denn der Körper baut das Stresshormon Cortisol durch Bewegung ab. Führen Sie Rituale ein. Nutzen Sie Musik und Entspannungs-CDs auf dem Heimweg oder schreiben Sie sich den Frust von der Seele. Sprechen Sie mit jemandem, der Ihnen guttut. Lachen Sie.

Die fünf großen Irrtümer zum Thema Geld und Arbeit

Was treibt uns zu dieser Selbstausbeutung, warum arbeiten wir so und nicht anders? Geld ist für die meisten Menschen die treibende Kraft, um arbeiten zu gehen. Leider haben wir einige falsche Annahmen darüber, was es uns bringt, sodass es geradezu paradox ist, gewaltige Anstrengungen zu unternehmen für etwas, das nicht hält, was es verspricht.

Der Belohnungsirrtum. Der Traum ist meist die Freiheit, als Rentner oder Millionäre das zu tun, was man will, und dafür das nötige Geld zu haben. Doch hier erliegen wir einer Illusion. Frei sind wir immer oder nie. Eine Weltreise kann man in jeder Preisgruppe machen, eine gemütliche Wohnung kann ein oder vier Zimmer haben. Wir sehen unsere

Möglichkeiten jetzt – oder wir sehen sie nicht, dann werden wir sie auch als Millionäre oder Rentner nicht sehen. Die typisch deutsche Denkhaltung, dass wir uns Gutes verdienen müssen, führt uns in die Selbstausbeutung.

Der Jäger- und Sammlerirrtum. Schnäppchenjäger und Shopaholics sind sich zumindest bewusst, dass sie eine kleine Schwäche haben, die gnadenlos ausgenutzt wird: Sie sind immer auf der Jagd nach Dingen. Die Gefahr daran ist, dass es immer etwas Besseres, Schnelleres, Schöneres gibt, was wir danach haben wollen. Dabei hält die Freude über das Erworbene nur kurz an. Denn das Gehirn passt sich an und schüttet den schon bekannten Glücksboten Dopamin nicht länger aus, wenn wir uns an etwas gewöhnt haben. Übrigens wäre es besser, wenn wir Geld für gemeinsame Erlebnisse mit anderen oder für neue Erfahrungen statt für Dinge ausgäben.

Der Besitzirrtum. Wir meinen, wenn wir »genug« Geld besitzen würden, wären wir glücklich. Einmal abgesehen davon, dass es »genug« nicht gibt und sich der Maßstab, wie wir bereits festgestellt haben, im Laufe unseres Lebens immer weiter nach oben verschiebt, gibt es immer auch die Angst, Besitz zu verlieren. Psychologisch gesehen macht das Gefühl, genug Geld zu haben, glücklicher als der Besitz selbst, und zwar drei Mal so sehr. Unsere Bewertung von Tatsachen, nicht die Tatsachen selbst entscheiden über unser Wohlbefinden.

Der Motivationsirrtum. In der TK-Stressstudie 2013 konnte nachgewiesen werden, dass »Spaßarbeiter« gegenüber »Broterwerbarbeitern« weniger erschöpft sind, nämlich jeder Vierte statt jeder Zweite, und sie sind weniger depressiv,

7 Prozent im Vergleich zu 23 Prozent. Die typisch deutsche Motivation macht sogar krank.

Der Prioritätsirrtum. Bruce Headey, Ruud Muffels und Gert G. Wagner haben für das Deutsche Institut für Wirtschaftsforschung Daten aus Australien, Großbritannien und Deutschland zum Thema Lebenszufriedenheit ausgewertet und kommen zu dem Schluss, dass soziales Engagement und Beziehungsziele langfristig zufriedener machen als materielle und Karriereziele. Wir schuften uns kaputt für Ziele, die uns krank und nicht einmal glücklich machen.

Geldverdienen ist für viele Deutsche nicht nur Antrieb zur Arbeit, sondern vor allem Antrieb für zu viel Arbeit und Selbstüberforderung. Ein immer größer werdender Optimierungsmarkt bringt statt größerer Zufriedenheit mit den Möglichkeiten unseres Lebens immer größere Unzufriedenheit. Wir fühlen uns schuldig, nicht alles zu schaffen, noch nicht »genug zu haben« und nicht »gut genug« zu sein. Die Gegenwart scheint nie richtig zu sein.

Entscheiden Sie sich, ein glückliches Leben zu führen – alles beginnt im Kopf! Relativieren Sie Ihre Maßstäbe. Gestehen Sie sich zu, dass es niemand schaffen kann, allem gerecht zu werden, wie sehr wir uns auch anstrengen. Spielen Sie öfter einmal mit dem Gedanken »Gut ist gut genug«.

Wenn das Gehirn macht, was es will

Die Auswirkungen unseres »eigenmächtigen Gehirns« erleben wir mehrfach am Tag, zum Beispiel, wenn wir an der Umsetzung unserer guten Vorsätze scheitern. Meist ist uns nicht klar, dass wir auf die Arbeit unseres Gehirns Einfluss nehmen können. Schauen wir es uns deshalb genauer an. Ich habe automatisch ablaufende Phänomene für Sie zusammengestellt, die uns im Alltag gern stressen. Wenn Sie sie kennen, können Sie gegensteuern.

Das Mangelphänomen

»Ich schaffe das nicht, die Zeit reicht nicht, das kann ich mir nicht leisten, ich werde nicht genug gefördert/einbezogen/wertgeschätzt/gelobt/bestätigt.« Kommen Ihnen solche Überlegungen bekannt vor? Und wenn ja, was machen diese Gedanken mit Ihnen?

Das Denken, nicht genug von etwas zu haben, führt zu heftigem negativem Stress und dieser zu einer eingeschränkten Wahrnehmung sowie zu reduzierter Leistungsfähigkeit, sodass wir noch mehr vom Mangelgefühl erleben.

Zunächst – das Gehirn fokussiert sich auf Probleme, nicht auf Genuss. Das macht es deshalb, weil wir Teil der Natur sind und es immer als Erstes um das Überleben geht. Gefahren muss es sich also besser merken und oft schneller reagieren als bei Freude.

Unsere Emotionen sind Hinweise, wie wir eine Situation bewerten. Sie lösen Handlungsimpulse aus, zum Beispiel löst Furcht den Impuls zu flüchten aus. Negative Emotionen schränken die Perspektive ein, positive erweitern. Sie öffnen das Herz und machen kreativ. Daraus hat die

Psychologin Barbara Fredrickson ihre »*broaden and build*«-Theorie (dt.: erweitern und aufbauen) entwickelt: Der Umgang mit Emotionen und unser Verhältnis dazu sind entscheidend, denn beide, positive und negative Gefühle, haben ihre Berechtigung. Negative Gefühle sind in konkreten Situationen überlebenswichtig, positive für konstruktives, kreatives Lernen.

Leider haben die negativen Emotionen nicht nur einen schlechten Einfluss auf unseren Körper, indem sie zum Beispiel die Arbeit des Immunsystems behindern und Entzündungen fördern, Heilungsprozesse verlangsamen oder dem Herzen schaden. Sie haben auch mentale Konsequenzen. Wir wiederholen das Problem innerlich immer wieder und es wird größer, als es in der Realität je war. Diese negativen Gedanken führen zum sogenannten »Tunnelblick«.

Der Tunnelblick raubt Freiheit. Unsere Wahrnehmung fokussiert sich auf all das, was zu unseren Annahmen passt, alles andere filtern wir gnadenlos heraus. Das, was wir sehen, ist ein Mini-Ausschnitt, und wir nennen ihn »Realität« statt »meine Realität«. Haben wir uns einmal darauf eingeschossen, dass unsere Arbeit stresst und nervt, dann wird das auch so sein, weil wir nur noch diese Aspekte wahrnehmen. Dieses Phänomen geht so weit, dass wir uns mit Menschen umgeben und solche als Ratgeber suchen, die uns in unserer Meinung bestärken.

Auch unsere Verhaltensentscheidungen passen zu unseren Gedanken. Ein Gedanke ist wie ein Verhaltensprogramm. Das Gehirn unterscheidet nicht, ob er gut oder schlecht für uns ist, also ob wir etwas befürchten oder herbeisehnen. Wenn wir also zum Beispiel zur Weihnachtsfeier mit dem Gedanken hingehen, dass dort nur lauter Langweiler anzutreffen sind, dann werden wir uns genau zu diesen setzen und unsere Meinung bestätigt finden.

Der verengte Blick führt dazu, dass wir einen kleineren Entscheidungsspielraum nutzen und alte Muster wiederholen, auch wenn sich diese nicht bewährt haben. Wenn wir gut drauf sind, ist unser Gehirn dagegen kreativ und vielseitig, wir haben den vollen Überblick. Wenn wir Stress haben, uns ärgern oder Sorgen machen, ist unsere Wahrnehmung eingeschränkt und Routinen werden genutzt. Wird der Stress größer, nimmt der Überblick immer mehr ab, das unlogische Verhalten immer mehr zu. Irgendwann verhalten wir uns wie Kinder, weinen, schreien oder werden bockig. Ganz am Ende der Kette kommt die Erstarrung, wir können uns dann gar nicht mehr angemessen verhalten.

Knappheit ist ein Irrtum unserer Wahrnehmung: Es geht nicht um einen objektiven Mangel wie in einem Kriegsgebiet, sondern um subjektiv erlebten. Erinnern wir uns daran, dass sich unsere Bedürfnisse mit unseren Lebensumständen immer weiter nach oben schrauben. Deshalb wird immer ein Mangelgefühl entstehen, solange uns dieser Mechanismus nicht bewusst ist. Erlebter Mangel wird immer als Gefahr interpretiert und das Denken richtet sich automatisch auf die unerfüllten Bedürfnisse aus. Das bereitet Unbehagen. In gewisser Weise schaffen wir uns unseren Mangel also selbst, weil es keine objektiven Maßstäbe für subjektive Bedürfnisse gibt. Wenn wir uns auf Diät setzen, denken und reden wir nur noch über Essen. Vermissen wir einen Partner, sehen wir überall Verliebte und können an nichts anderes denken, als dass wir allein sind. Ein besonderes Phänomen ist der erlebte Zeitmangel.

Wir haben heute genauso viel Zeit wie früher. 24 Stunden, jeden Tag. Doch immer wieder glauben wir, dass wir nicht genug Zeit hätten, um all das zu tun, was wir tun wollen. Wir packen immer mehr in unseren Tag, und zwar nicht nur bei der Arbeit, sondern auch im Privatleben. Wir wollen überall dabei sein, nichts verpassen, dazugehören. Es ist so schwer, Nein zu sagen und sich zu beschränken. Hinzu kommt, dass wir viele Dinge unaufmerksam, routiniert tun. Dadurch konzentrieren wir uns nicht, sind ungenau, machen Fehler oder erreichen nicht das Optimum. Dies müssen wir später ausbügeln, was wiederum Zeit kostet. Wenn wir den Tag bereits mit dem Gefühl beginnen, dass nicht genug Zeit vorhanden ist, werden wir viel Zeit verlieren, eben weil wir uns mit diesem Gedanken befassen. Bereits der Gedanke an die Zeitknappheit führt zu unangenehmen Gefühlen. Dieser negative Stress schränkt unsere Leistungsfähigkeit ein. Wir schaffen dann tatsächlich nicht, was wir uns vorgenommen haben, springen von einer Aufgabe zur anderen, bringen nichts zu Ende und am nächsten Tag geht der gleiche Kreislauf weiter.

Der Optimierungswahn

Wie zufrieden sind Sie mit dem, was Sie haben und wie Sie sind? So lala? Dann kann es gut sein, dass Sie sich mit dem Optimierungswahn angesteckt haben.

Wir leben in einer großartigen Zeit. Nie gab es so viele Möglichkeiten für so viele Menschen, das Beste aus ihrem Leben zu machen, gerade in unserem Kulturkreis. Der Preis dafür ist, dass wir verlernen, zufrieden zu sein. Wir sehen nicht mehr, was wir sind und haben. Es gibt immer ein Anders, Schneller, Schöner, Leichter, Besser.

Ein Übertragungsweg für den Virus des Optimierungswahns sind falsche Maßstäbe. Vielleicht sind es nicht einmal unsere eigenen, sondern falsche Ideale, die wir von anderen ungeprüft übernehmen. Uns werden bestimmte Bilder vermittelt, wie eine großartige Chefin, ein erfolgreicher Mann oder eine attraktive Ehefrau sein sollen. Das geht weiter damit, was für Technik wir haben, wie wir die Wohnung einrichten, wo wir Urlaub machen sollten. Kürzlich las ich in einer Frauenzeitschrift als Überschrift für die neuen »Musthaves« der Saison: »So passen Sie zu den neuen Herbsttrends!«

Unsere Großeltern suchten einen Job, mit dem sie eine Familie ernähren konnten. Oft übernahmen sie einfach das Geschäft der Eltern. Wir wollen heute mehr als das: Nicht nur angenehme Arbeitsbedingungen, uns selbst verwirklichen und Karriere machen, sondern auch noch nette Kollegen und einen Chef, der uns versteht.

Warum machen wir bei diesem optimierten Leben mit? Weil uns alternative Ideale verloren gegangen sind. Wir sagen zwar, »Geld ist nicht alles«. Doch 80 Prozent der Bevölkerung gehen lieber einer ungeliebten Arbeit nach, als den Mut aufzubringen, nach den eigenen Wünschen und Talenten zu leben und dafür weniger zu verdienen. Wir haben uns auf einem hohen Konsumniveau in einer behaglichen Komfortzone eingerichtet, und die Angst, unseren materiellen Wohlstand auch nur ein wenig zu verändern, kann körperliche Schmerzen hervorrufen. Die viel gepriesenen guten alten Werte wie Freundschaft, Liebe oder Gesundheit opfern wir fast unbemerkt dem Kampf um Materielles. Oder etwa nicht?

Nun, wie oft hoffen Sie abends, das Telefon möge nicht klingeln und um Himmels willen erst recht niemand spontan vorbeikommen, weil Sie so erschöpft sind und keine Lust auf Unterhaltung mit Freunden haben? Oder wie oft fauchen Sie Ihre Lieben so an, wie Sie es sich im Arbeitsumfeld nie trauen würden?

Wachen Sie auf, bevor Sie Verluste oder Krankheiten dazu zwingen. Viel zu oft erkennen wir erst, was wir hatten, wenn wir es verlieren. Der Weg zurück ist dann viel mühsamer, als sofort zu sehen und zu pflegen, was wir haben – inklusive uns selbst.

Der Bestätigungsirrtum

Im Laufe unseres Lebens entwickeln wir viele Denkgewohnheiten aus Annahmen, Regeln und Erwartungen, die wir zunächst von unserer Familie und dem engsten Umfeld, dann von Freunden, Schule, Arbeit und Kultur übernehmen. Dies geschieht ganz unbewusst, und gerade in den ersten Jahren unserer Prägung stellen wir diese Denkmuster nie in Frage. Wie sollten wir auch, wir sind ja von unserem Umfeld abhängig. Wiederholung in Denken und Tun sowie eigene und fremde Bestärkung bewirken die Festigung. Das Gehirn entwickelt neurologische Strukturen als Abbild unserer Art zu leben.

Der Bestätigungsirrtum besagt, dass unser Gehirn aufgrund seiner neurologischen Strukturen konsequent alles bei der Verarbeitung von Informationen herausfiltert, was nicht zu unserem Denken passt. Aus Hunderttausenden Informationen, die zur Verfügung stehen, kommen nur einige wenige in unser Bewusstsein. Sie kennen eventuell das Beispiel mit dem Tennisball auf dem Fußballfeld. Die Menge der insgesamt verarbeiteten Informationen ist metaphorisch gesprochen so groß wie ein Fußballfeld. Der Tennisball steht für die Datenmenge, die uns bewusst wird.

Ihre Annahme ist beispielsweise »Ich finde keine Kunden, die bereit sind, dieses neue teure Produkt zu bezahlen.« Wenn Sie dann ein Verkaufsgespräch führen, hören Sie bevorzugt die Gegenargumente der Kunden, die Sie darin bestätigen. In Ihrer Umgebung nehmen Sie Kollegen, Freunde, Verwandte wahr, die klagen, wie schwer das Verkaufen von teuren Produkten ist. Sie lesen in der Zeitung über die Arbeitslosenzahlen und die Probleme in der Region. Alles passt zusammen und ist doch das Ergebnis unseres Filters. Hinzu kommt, dass wir umso offener für Sorgen und Ängste sind, je schlechter wir uns fühlen, je weniger fit wir sind.

Das Vergleichen

Früher war alles besser, wir waren gesünder, die Nahrung hatte mehr Gehalt, die Kunden waren netter und es war leichter, Geld zu verdienen. Schuld an diesem Gefühl ist, dass sich unser Gehirn an alles gewöhnt. Hier ist es wieder der Botenstoff Dopamin, der uns entspannt und glücklich sein lässt und sich schnell abnutzt. Dann nehmen wir glückliche Umstände nicht mehr als solche, sondern als selbstverständlich wahr. Egal was Sie verdienen, es wird dann nicht mehr genug sein. Egal wie abwechslungsreich Ihre Arbeit ist, Sie werden es nicht mehr sehen.

Wenn Sie »bessere« Zeiten oder gesellschaftliche Ideale als Vergleichsmaßstab nehmen, können Sie nur verlieren. Denn die Art, wie wir vergleichen, muss uns unglücklich machen. Wir schauen nicht zur Seite und zum Durchschnitt und merken nicht, wie gesund, fit, glücklich, attraktiv wir gerade im Verhältnis dazu sind. Wir schauen erst recht nicht nach hinten und bemerken, wie gut es uns im Weltmaßstab geht, wie sicher wir leben. Wir schauen nach vorn, auf ausgewählte Einzelfälle, und da findet sich immer jemand, der intelligenter, sportlicher, schlanker, geduldiger oder netter ist als wir. Und schon ist sie da, die Unzufriedenheit. Dabei ist dies nicht die Realität, sondern nur das Ergebnis unseres Denkens.

Der Halo-Effekt

Der sogenannte Halo-Effekt beschreibt das Phänomen, dass eine herausragende Eigenschaft auf die Wahrnehmung anderer Eigenschaften abfärbt. Das kann Vorteile haben, wenn wir von einer guten Eigenschaft auf die Klasse einer Person schließen und das Beste in ihr sehen. Doch unser Gehirn hat die Tendenz, sich auf Probleme zu fokussieren. Wenn zum Beispiel der neue Nachbar den Rasen ganz exakt schneidet, ist er schnell in der Schublade des Pedanten. Jede Kleinigkeit, die Sie an anderen Personen eventuell mögen würden, werden Sie zu seinem Nachteil auslegen. Statt zuverlässig ist er pingelig, statt ordentlich übergenau. So, wie Sie ihn einmal eingeordnet haben, werden Sie alles für oder gegen ihn interpretieren.

Der Zeigarnik-Effekt

Sie haben fast ohne Pause durchgearbeitet und gehen am Abend erschöpft, aber unzufrieden nach Hause mit dem Gefühl: »Wo ist denn dieser Tag hin, ich habe doch gar nichts geschafft?« Hier sitzen Sie in der Falle des Zeigarnik-Effektes. Damit wird beschrieben, dass uns unerledigte Dinge nicht loslassen, wir uns gedanklich immer wieder damit befassen und wir uns unwohl damit fühlen.

In der heutigen Arbeitswelt wissen wir zwar inzwischen, dass »Multitasking« nicht funktioniert, trotzdem versuchen wir es immer wieder. Eine Konsequenz davon ist, dass wir Dinge nicht mehr zu Ende bringen, sondern hin und her springen und am Ende weniger erledigen. Wahrscheinlich haben wir oft gar nicht zu viel Arbeit, sondern bringen sie nur nicht zu Ende. Dadurch wird es scheinbar immer mehr.

Das katastrophische Gehirn

Unser Gehirn ist zum Problemlösen da. Doch die Art, wie wir es benutzen, und die Tatsache, dass jahrhundertealte biologische Mechanismen uns steuern, führt zu der Tendenz »Katastrophe kommt vor Vergnügen«. Wir sind ständig mit unseren Gedanken woanders, ärgern uns über das, was gestern war, machen uns Sorgen über Dinge, die wir hören und lesen und die (noch) gar nicht real sind. Diese Tendenz, sich mental auf Probleme oder Gefahren zu konzentrieren, wird in der Psychologie das »katastrophische Gehirn« genannt. Dies war einst ein hilfreicher Überlebensmechanismus, und auch heute noch können wir Gefahren zum Beispiel im Straßenverkehr blitzschnell erkennen und handeln. Doch wir haben die Kontrolle über diesen Mechanismus abgegeben. Unsere Gedanken machen mit uns, was sie wollen.

Was nehmen Sie aus den vielen Informationskanälen in Ihrem Alltag wahr? Das eine gute Beispiel oder die vielen negativen, die zu Ihren Sorgen passen? Worüber sprechen Sie? Über die vielen angenehmen Kunden oder Mitarbeiter oder den einen, der Sie heute verstimmt hat?

Dieser Mechanismus des Gehirns hat Konsequenzen, die sich mit moderner Technik sogar nachweisen lassen. Wenn wir viel negativen Stress haben, uns häufig ärgern oder ängstlich sind, vergrößern sich die Mandelkerne, die Schaltstellen für die Verarbeitung von Stress im Gehirn. Sie werden sensibler und sie springen schneller auf Stressoren an. Sind die Mandelkerne aktiv, verhindert dies nüchterne Betrachtungen, wir sind risikoscheuer. Bei Optimisten ist der

»vernünftige« vordere linke Kortex im Großhirn immer aktiviert und die Areale halten die negativen Gefühle unter Kontrolle.

Forscher haben herausgefunden, dass bei Optimisten generell weniger Gehirnaktivität stattfindet, auch bei unangenehmen Situationen. Bei Pessimisten ist die Gehirnaktivität größer und verstärkt sich sogar noch, wenn sie sich den positiven Ausgang negativer Situationen vorstellen sollen. Diese Art zu denken scheint für Pessimisten so ungewohnt zu sein, dass sich die negativen Gefühle verstärken. Das heißt, es geht im Alltag nicht darum, negative Gedanken zu unterdrücken oder »schönzusehen«, sondern anders zu denken, andere Perspektiven einzunehmen, einen anderen Bezug herzustellen.

Das Abschweifen der Gedanken ...

... macht unglücklich. Menschen, die bei dem, was sie tun, mit den Gedanken abwesend sind, sind häufig unglücklich und unzufrieden. Dabei ist das Abschweifen die Ursache der Unzufriedenheit. Das heißt, wenn ich etwas Ungeliebtes tue und eventuell deshalb mit den Gedanken woanders bin, macht mich der Mangel an Aufmerksamkeit für mein Tun unzufrieden, nicht das ungeliebte Tun.

Umso schlimmer, dass Menschen etwa die Hälfte der Zeit geistig abschweifen und zwar egal, ob etwas Angenehmes oder Unangenehmes getan wird. Es scheint fast ein Prinzip zu sein, gedanklich nicht gegenwärtig zu sein. Und genau das macht unzufrieden. Die gedankliche Präsenz beim Tun ist wichtiger als das, was wir tun. Nicht umsonst wird von Meditationslehrern immer wieder betont, achtsam zu sein, auch wenn es nur der Abwasch ist.

Das Bedauern

Forscher an der Universitätsklinik Hamburg-Eppendorf haben sich mit der Frage befasst, wie sich Bedauern über verpasste Chancen auf die emotionale Befindlichkeit auswirkt. Sie fanden heraus, dass Bedauern oder Ärger über Vergangenes die Zufriedenheit in der Gegenwart negativ beeinflusst. Die Gehirnaktivität bei wahrgenommenen verpassten Chancen ähnelt denen bei einem realen Verlust. Dies traf insbesondere auf Ältere und Menschen mit Depressionen zu.

Ein gelassener Umgang mit den Dingen, die man verpasst hat und nicht mehr ändern kann, verbessert die emotionale Widerstandsfähigkeit und die Zufriedenheit. Zu lernen, sich auf die positiven Aspekte einer Situation zu konzentrieren, ohne die negativen zu unterdrücken, ist ein wesentlicher Aspekt psychischer Gesundheit.

Gutes Leben – und trotzdem zu viel Stress?

Vielleicht hatten Sie gehofft, endlich einmal ein Buch zu finden, in dem nicht über Stress und Burnout gesprochen wird. Die Beschäftigung mit diesen Themen hat in einem Maße zugenommen, dass Sie es vielleicht schon nicht mehr hören können.

Noch in meinem Psychologiestudium gab es wenig zum Thema Stress. Nun ist dies schon 25 Jahre her. Oder sollte ich sagen *nur* 25 Jahre? Egal wie, es zeigt, dass die Stressproblematik in der heutigen Dimension ein relativ junges Phänomen ist. Heute gibt es kaum einen Tag, an dem wir nichts über Stress hören, lesen oder ihn selbst empfinden. Meine Einordnung erfolgt ganz klar bei den subjektiven Herausforderungen. Weil wir uns den Stress, unter dem wir heute leiden, selbst machen.

Rufen wir uns zunächst in Erinnerung, dass es positiven und negativen Stress gibt. Stress ist immer eine Anpassungsreaktion des Körpers auf sich verändernde Umstände. In den Ursprüngen der Menschheit ging es schlicht ums Überleben. Es überlebte nicht der Klügste oder Stärkste, sondern der, der sich am besten anpassen konnte, am stressresistentesten war. Schauen wir uns erfolgreiche Menschen heute an, dann zählt in einer sich immer schneller verändernden Welt mehr als Muskeln und der höchste IQ. Viel wichtiger ist der Umgang mit Krisen, Flexibilität, Souveränität – also Stressresistenz.

Ständige Veränderungen und Anpassungsreaktionen sind in unseren Körperzellen auch heute noch zum Überleben gefragt. Das heißt: wir können es! Dieser Gedanke wäre sicher manchmal hilfreich, wenn uns Veränderungen in unserem Leben bedrohlich erscheinen. Je schneller wir reagieren, je schneller wir lernen statt zu hadern, umso schneller geht es weiter und uns besser.

! Viel zu oft beklagen wir die Dinge nur, statt zu handeln und meinen, es wäre angemessen, darunter zu leiden.

Ich glaube, das ist eine verzerrte Wahrnehmung. Denken wir doch einmal 100 Jahre zurück. Das war die Zeit, als die großen Kaufhäuser entstanden. Was muss das für die kleinen Einzelhändler bedeutet haben? Süßigkeitenautomaten wurden erfunden, die plötzlich neben den Bäckern auf der Straße standen. Ob unsere Großeltern sich wohl so wie wir die Haare gerauft haben? Ich glaube nicht. Der Stress mit dem Stress liegt zum großen Teil in unserer Hand. Und er hat leider mehr Konsequenzen, als uns klar ist, weshalb wir uns so ausführlich damit befassen.

Der Neurologe Joachim Bauer hat auf dem Kongress für Positive Psychologie 2014 in Berlin darauf hingewiesen, dass unser Gehirn aus sozialen Situationen Biologie macht. So führt psychosozialer Stress, zum Beispiel ein Mangel an Anerkennung, zu einer falschen Genregulation, traumatische Erfahrungen sogar zu epigenetischen Störungen. Die Lesbarkeit der Gene ist gestört. Bevor wir bei der Begegnung mit anderen anfangen zu denken, haben unsere Körperzellen schon die Handlungen, Emotionen und vegetativen Zustände des Gegenübers gespiegelt. Wir spiegeln außerdem, wie der andere uns wahrnimmt, und das hat Folgen. Denn selbst wenn der Kunde zum Beispiel sagt, dass er gern mit uns zusammenarbeiten will, uns tatsächlich aber ablehnt, weil wir für seinen Geschmack zu jung, zu klein, zu dick oder was auch immer sind, werden wir diese Ablehnung genau spüren. Ja, es geht so weit, dass wir die Sorgen oder den Pessimismus des Chefs bezüglich der Unternehmenszukunft unbewusst übernehmen und dann selbst pessimistisch werden.

Deshalb ist es so wichtig, ressourcenorientiert zu denken. Und zwar nicht nur so zu tun, sondern diese Geisteshaltung zu entwickeln. Dies schließt die von vielen so vermisste Anerkennung im Berufsleben genauso ein wie wertschätzende Kritik oder soziale Unterstützung, die ein seelischer Schutzfaktor ist.

Neben den automatischen Spiegelmechanismen stellen wir außerdem unsere »Antennen« für die Wahrnehmung und Bewertung von Informationen ein und sollten immer mal wieder die Frequenz überprüfen.

Wir entscheiden, was wir erleben

Die Entscheidung, ob wir positiven oder negativen Stress erleben, hängt davon ab, wie wir eine Situation bewerten. Ein Beispiel wäre eine lange Autofahrt. Der eine sagt: »Wunderbar! Endlich kann ich meinen flotten Wagen mal wieder richtig ausfahren, Musik hören und mich frei fühlen, Geschwindigkeit genießen und ganz für mich sein.« Ein anderer sagt: »Furchtbar, es gibt garantiert Staus, die anderen fahren rücksichtslos und dieses Tempo macht mich sowieso ganz krank.« Die gleiche Situation mit zwei verschiedenen Bewertungen. Beide haben aus ihrer Perspektive recht und – erinnern Sie sich bitte an den Bestätigungsirrtum – werden auch genau das erleben, was sie erwarten. Weil sie sich dazu passend verhalten und die Wahrnehmung entsprechend filtert.

Zwei Abteilungsleiter sollen die Zahlen ihres Teams vor dem ganzen Haus präsentieren. Der eine hat sich ein bisschen vorbereitet und hat sich einige Stichpunkte aufgeschrieben, damit er nichts vergisst. Er fühlt sich sicher und freut sich, allen zeigen zu können, was seine Mannschaft leistet. Durch seine Zufriedenheit wird er in der Lage sein, Spaß an seinem Vortrag zu haben, locker auf Fragen zu antworten und einen guten Eindruck zu hinterlassen, was ihm Kollegen dann auch im Feedback bestätigen. Der nächste Vortrag kann kommen, er ist in einer positiven Spirale. Natürlich hat er Stress, aber positiven, der ihn kreativ und leistungsfähig macht.

Ganz anders der zweite Abteilungsleiter. Er hat tagelang an der Präsentation gefeilt und ist noch immer nicht zufrieden. Er malt sich in den schlimmsten Farben aus, wie ihn alle ansehen, kritische Fragen stellen, die er nicht beantworten kann, und wie schlecht er sich fühlen wird. Hatte er nicht das letzte Mal auch zu stottern angefangen, als sein Vorgesetzter ihn vor allen kritisierte? Wir wissen, wie es weitergeht. Negativer Stress ist angesagt. In der Nacht vor dem Vortrag kann er kaum schlafen, sodass er noch nervöser und etwas gereizt ist. Essen kann er morgens gleich gar nicht. Zu Beginn der Präsentation ist er so angespannt, dass ihn das kleinste Hüsteln aus dem Konzept bringt. Die Fragen, die gestellt werden, empfindet er als kritisch. Weil er sie fürchtet, reagiert er entsprechend unfreundlich, und am Ende kann er nicht einmal genießen, dass es geschafft ist. Vielmehr ärgert er sich danach darüber, wie schlecht er war. So verdirbt er sich auch den Folgetag mit schlechter Laune.

Auch bei diesem Beispiel hat nicht das Vortragen an sich den Stress ausgelöst. Unsere Erwartungen und das daraus abgeleitete Verhalten entscheiden. Unsere Probleme wachsen in unseren Köpfen ins Unermessliche und die Realität ist nie so schlimm wie in unserer Fantasie. An dieser Stelle sei an das katastrophische Gehirn und den Optimierungswahn erinnert. Grübeln und Sich-Sorgen-Machen sind an der Tagesordnung. Vor allem über Dinge, die längst vorbei oder noch gar nicht da sind. Wir schrauben unsere Ansprüche an uns ins Unermessliche und sehen die Erfüllung gar nicht.

Dieses permanente geistige Kämpfen signalisiert dem Körper, dass wir in Gefahr sind, und die körperlichen Schutzreaktionen laufen permanent ab. Wenn Sie sich die Statistiken zu Erkrankungen ansehen, sind die Muskel- und Skeletterkrankungen ganz vorn. Hochgezogene Schultern oder krumme Haltung sind Schutzmechanismen vor Gefahren. Wir tragen Lasten, die die Seele dem Körper aufbürdet, und bekommen Rückenprobleme.

Was können Sie tun? Schärfen Sie Ihren Blick für das, was Sie stresst und warum. Durchschauen Sie, welche der besprochenen Mechanismen Sie am meisten betreffen. Dann können Sie gegensteuern. Prävention ist leichter als Heilung.

Psychische Erkrankungen aus neuer Perspektive

Ist der Anstieg von psychischen Erkrankungen wirklich so groß wie berichtet? Dieser Frage ging der Gesundheitsreport der DAK 2013 nach und sagt eindeutig: Nein.

Zum einen sei die Bereitschaft der Ärzte gestiegen, Menschen aufgrund einer psychischen Erkrankung krankzuschreiben, vor allem aber die Bereitschaft der Betroffenen, über ihre Beschwerden zu sprechen. Früher wurde wegen Magen- oder Rückenproblemen eine Auszeit genommen, heute nennt man das Kind eher beim Namen.

Norbert Schmacke, Professor am Institut für Public Health an der Universität Bremen bestätigt, dass es bis in die 80er-Jahre eine klare Tabuisierung psychischer Erkrankungen in Deutschland gab. Belastbare Belege für einen Anstieg der psychischen Erkrankungen wie standardisierte Längsschnittstudien liegen also nicht vor.

Ändern wir doch einmal die Perspektive: Wenn etwa jeder Zehnte über chronischen Stress klagt, heißt das doch auch, dass Neun von Zehn keinen chronischen Stress haben. Mehr als drei Viertel der Beschäftigten fühlen sich den Anforderungen gewachsen und schätzen ihren allgemeinen Gesundheitszustand besser ein als der EU-Durchschnittsarbeitnehmer, sagt die Studie zur Gesundheit Erwachsener in Deutschland (DEGS) des Robert-Koch-Instituts: Knapp

77 Prozent der Männer und 73 Prozent der Frauen bewerten ihren Gesundheitszustand als gut oder sehr gut. Vorsicht also mit Generalisierungen zur psychischen Belastung!

Wie entstehen gefühlter negativer Stress, Burnout und Depression? Über die Sinnesorgane werden externe und interne Informationen aufgenommen und anhand der in unserem Gehirn gespeicherten Informationen bewertet. Wird etwas als Gefahr eingestuft, laufen automatische Reaktionen ab, wie die Anspannung der Muskeln, eine schnellere Atmung, eine Fokussierung der Aufmerksamkeit. Dies ist ein Anpassungsversuch und dient der Lösung des Problems. Ist die Situation vorbei, erholt sich der Organismus. In diesem sinnvollen biologischen Ablauf sind zwei Probleme versteckt: Die Bewertung und die fehlende Erholung, wenn dem einen Stress der nächste folgt. Sind wir lange genug in diesem Kreislauf, kommt es zur Erschöpfung und zu dem Zustand, den wir heute als Burnout bezeichnen.

Medizinisch ist Burnout nicht als Diagnoseschlüssel definiert. Es ist auch kein internationaler Begriff und kommt in anderen Ländern kaum oder gar nicht vor. In dem von der Weltgesundheitsorganisation herausgegebenen Manual von Krankheiten ist er bedeutungslos. In dem amerikanischen Manual DSM-IV, kommt Burnout gar nicht vor. Man kann also die berechtigte Frage stellen, ob zum Beispiel die Amerikaner sich nicht verausgaben. Schließlich haben sie weniger Urlaub und häufig zwei Jobs.

Im Schnitt arbeiten wir 1600 Stunden pro Jahr und haben 7100 Stunden zum Ausruhen übrig. In Deutschland beträgt die durchschnittliche Arbeitszeit 30 Stunden bei 5 Tagen, wir haben 31 Tage Urlaub plus Feiertage. Da kann doch etwas nicht stimmen? Hier müssen wir uns fragen, welchen subjektiven Anteil wir an der Erschöpfung unserer Gesellschaft haben.

Totale Erschöpfung, am Ende seiner Kräfte zu sein, das, was oft mit dem Begriff Burnout beschrieben wird, scheint der Endpunkt eines Weges zu sein, an dem man sich endlich einmal zurückziehen darf, für sich sorgt und sozial akzeptiert »Ich kann nicht mehr« sagt. Der allgemeine Konsens dahinter scheint zu sein, dass die Erkrankten richtig viel geleistet haben müssen. Den eigenen Perfektionismus, die eigene Grenzenlosigkeit in Ansprüchen und Überforderung sehen wir kaum. Doch muss es wirklich erst so weit kommen, dass Krankheiten den Einzelnen und damit die Gesellschaft zu neuem Denken zwingen? Es ist zu befürchten. Denn wir Menschen machen ja immer gern weiter, solange es nicht schlimm genug kommt. Präventiv zu denken, fällt schwer.

Die Parallelwelt aus Anstrengung und selbstgemachtem Druck in unserem Kopf verleitet uns dazu, zu hetzen, um vermeintliche Ideale zu erreichen – seien sie materiell, wie ein Auto oder eine Reise, oder ideell, wie Disziplin, Fitness oder Geduld. Und dabei mühen wir uns ab, statt Freude daran zu haben oder einfach mal abzuwarten, was das Leben bereithält. Unsere Kultur der Selbstausbeutung ist nicht auf die Arbeit beschränkt, sondern findet genauso im Privatleben statt. Oder ruhen Sie sich einfach mal so aus, wenn das Auto schmutzig, die Wäsche unerledigt oder die Wohnung nicht tiptop ist?

Das Fatale daran ist: Wir glauben, das sei die Realität. Das müsse so sein. Unser hoch entwickeltes Gehirn hat aus seiner Kapazität, in Vergangenheit und Zukunft zu schauen, ein gefährliches Eigenleben entwickelt. Wir werden eine kulturelle Wende benötigen, um aus dieser Stressfalle herauszukommen. Jeder kann bei sich anfangen und schon einmal seine Werte und seine Kommunikation im Alltag überprüfen. Wenn Ruhe, Pausen, Selbstfürsorge und Vertrauen gleichwertig mit Leistung, Anstrengung und Engagement werden, sind wir auf dem richtigen Weg.

Die Geschichte des Stresses

- Erste Belastungsphänomene gab es bereits ab 1880. Damals war die sogenannte »Nervenschwäche«, um 1920 »Neurasthenie« genannt, das Krankheitskonzept zu den damaligen Lebensumständen.
- In den 1950er-Jahren entstand die »Managerkrankheit« im Rahmen des Wiederaufbaus, die Herz-Kreislauf-Störungen in den Fokus der Aufmerksamkeit rückte.
- Seit den 1970ern wird Stress als Reaktion auf psychosoziale Belastungen verstanden und kommuniziert.

Für uns ist Stress ganz selbstverständlich geworden. Seit wann? Haben Sie als Kind Ihre Eltern über Stress klagen hören? Wahrscheinlich kommt es darauf an, wie alt Sie sind. Diejenigen unter uns, die älter sind als 40, werden sich daran nicht erinnern können. Es war kein tägliches Thema.

Burnout ist ein Teufelskreis

Seit 1990 taucht der Begriff Burnout im deutschen Sprachgebrauch auf und wird in Zusammenhang gebracht mit Flexibilisierung, Digitalisierung, Deregulation, Arbeitsverdichtung und Schnelllebigkeit. Kurzum: Jede Zeit produziert ihre eigene Erschöpfung, jeweils abhängig vom Verständnis, wie der Mensch funktioniert.

Wir schaffen uns selbst einen Teufelskreis und merken es nicht einmal – zum Beispiel durch eine sich selbst erfüllende Prophezeiung. In der TK-Studie 2012 gab jeder Zweite an, dass der Stress im persönlichen und sozialen Umfeld zunehmen würde. Sie wissen inzwischen, was das bedeutet. Die Erwartungen beeinflussen das, was wir lesen, hören, sehen, denken und wie wir uns verhalten. Die TK-Studie 2013 konnte wiederum nun bestätigen, dass der Stress zunimmt, und so fühlen wir uns auch wieder bestätigt und machen genauso weiter.

Ein anderer Aspekt ist, dass wir Stress und Burnout übertragen. Arnold B. Bakker widmet sich an der Erasmus-Universität Rotterdam diesem Thema. Er stellte fest, dass es Lebenspartnern selbst bei großer Anstrengung nicht gelingt, ihre Gefühle und Probleme bezüglich der Arbeit von zu Hause fernzuhalten. Dies betrifft zum Beispiel Erschöpfung und Zynismus, die als Burnout-Bestandteile definiert sind. Auch Teams beeinflussen sich. Was geschieht mit Menschen, wenn die Mehrheit eines Teams vor dem Burnout steht oder umgekehrt engagiert und euphorisch ist? Auch hier gibt Arnold B. Bakker Antwort. Die »kollektive Stimmung« ist messbar. Das Burnout-Niveau von Teams korreliert mit den individuellen Burnout-Niveaus. Auch die Höhe des Gesamtengagements eines Teams sagt die Höhe des Engagements des Einzelnen voraus.

Inzwischen wissen wir sogar, dass zu viele Informationen krank machen. Aufgrund der vermehrten Konfrontation mit der Burnout-Symptomatik ordnen Menschen viel eher kurzfristig erlebte Symptome in dieser Richtung ein und bewerten dann etwa Kopfschmerzen nicht mehr als Kopfschmerzen, sondern als Zeichen eines sich anbahnenden

Burnouts. Wir werden später beim sogenannten Noceboeffekt darauf zurückkommen, dass Gesunde durch negative Erwartungen krank werden können.

Es gibt vier psychologische Hintergrundmechanismen für die »Ansteckung mit Burnout«:

- Lebende Modelle: Andere Menschen fungieren wie Vorbilder, Symptome werden automatisch und unbewusst übernommen.
- Einfühlungsvermögen: Der Versuch, sich in das von anderen Erlebte hineinzuversetzen, aktiviert ähnliche Situationen und Gefühle im eigenen Leben.
- Mitgefühl: Wir stellen uns vor, wie wir uns anstelle der anderen Person fühlen würden.
- Mediale Ansteckung: Neu ist, dass die Übertragung von negativen Gefühlen und Burnout-Symptomen keine Anwesenheit von Menschen mehr braucht, sondern durch die mediale Präsenz des Themas zustande kommt. Die gefühlte Burnout-Präsenz wächst unaufhörlich und beeinflusst die Einschätzung des eigenen Burnout-Zustandes.

Soweit zum Status quo. Hier kommt der optimistische Ausblick: Nicht die Reizüberflutung oder Veränderungen unserer neuen Welt müssen wir stoppen, sondern unsere Auswahl besser treffen. Erinnern Sie sich an Kapitel eins: »Lebensfroh ist, wer sich entscheiden kann.« Wir müssen eine neue Freiheit entwickeln, uns festzulegen und Grenzen zu setzen. Dann können wir auch unsere Ressourcen nutzen, pflegen und ausbauen.

Erfreulicherweise können wir uns auch mit guten Gefühlen, Energie und Enthusiasmus anstecken. Ein gutes Gefühl bei der Arbeit hat positiven Einfluss auf das Privatleben. Wer nach einem angenehmen, erfolgreichen Tag nach Hause kommt, ist eher bereit, den anderen zu unterstützen. Das gute private Klima kommt wiederum zurück zur Arbeit.

Vermitteln und erwerben Sie Wissen über Stress und Burnout, aber legen Sie darauf nicht den Fokus. Die neue Gehirnforschung zeigt: Je häufiger wir etwas wiederholen, umso stärker werden die neuronalen Verknüpfungen im Gehirn. Also raus aus dem Problemdenken und hin zur Lösungsorientierung!

Genau an dieser Stelle wird es nun Zeit, dass wir uns mit dem Ressourcenkonzept befassen, denn es wird Ihnen unkompliziert und mit Erfolgsgarantie Lösungen zum Umgang mit den objektiven und subjektiven Herausforderungen bieten.

4. Psychische Ressourcen – unsere ungehobenen Schätze

Die Frage, ob das Leid oder das Glück Sinn unseres Lebens ist, beschäftigt die Menschen, seitdem sie denken können. Daher ist es keine Überraschung, dass schon die alten Griechen und Römer wussten, dass nicht das Tun oder Nicht-Tun die Ursache unseres Glücks oder Unglücks ist, sondern unsere Prinzipien und unser Denken. Der große Vorreiter der Selbsthilfebewegung Dale Carnegie hat das hunderte Jahre später wieder aufgenommen, wenn er sagt, dass es nicht das ist, was du bist, hast oder tust, was glücklich oder unglücklich macht, sondern was du darüber denkst. Heute baut die Positive Psychologie auf diese Geschichte auf, wenn sie 24 Stärken für das Wohlbefinden oder, wie heute gesagt wird, für das »Aufblühen« von Menschen definiert.

So wie Gesundheit mehr als die Abwesenheit von Krankheit ist, versteht sich die Positive Psychologie auch als eine neue Dimension, die nicht Krankheiten oder Probleme verhindern, sondern Gesundheit und Wohlbefinden fördern will.

Positive Psychologie – Der positive Blick auf die Welt

Der »Großvater« der Positiven Psychologie, Don Clifton, hat sich mit amerikanischen Kriegsgefangenen im Koreakrieg befasst und untersucht, ob und wie man mit Positivität einen stärkeren Einfluss ausüben kann als mit Negativität. Er beantwortete diese Frage mit einem klaren »Ja« und legte den Grundstein für die Entwicklung ganz neuer Denkweisen in der Psychologie.

Der »Vater« der Positiven Psychologie, Martin Seligman, etablierte im Jahr 2000 die Positive Psychologie als wissenschaftliche Richtung. Im Fokus der Forschung stehen positive Emotionen, positive Charaktereigenschaften und positive Institutionen. Woher kam die Motivation? Bislang konzentrierte sich die traditionelle Psychologie auf Krankheiten, Defizite und Probleme. 70 Prozent aller Menschen sind aber nicht psychisch krank, sondern gesund wie Sie und ich, und wollen einfach gut leben.

Bereits seit den 1970er-Jahren etablierten sich Coachingansätze mit klarer Ausrichtung auf die Möglichkeiten, Potentiale und Chancen, die in jedem von uns angelegt sind. Hier wurden allerdings eher die praktischen Erfahrungen erfolgreicher Therapeuten ausgewertet. Die fehlende wissenschaftliche Fundierung führte dazu, dass die traditionelle Psychologie ihnen ihre Anerkennung verweigerte. Aus meiner Sicht besteht die Leistung der Positiven Psychologie darin, diese Denkrichtungen und Ansätze zusammenzuführen, zu untersuchen und damit zu objektivieren.

Was machen glückliche Menschen anders? Wie können wir uns mehr auf unsere Stärken konzentrieren? Was sind Faktoren für Glück? – Das sind Fragen, die die Positive

Psychologie stellt und wissenschaftlich fundiert beantwortet. Es werden drei Säulen für Glück definiert:

- Positive Gefühle (durch Ereignisse wie ein gutes Essen oder ein neues Auto)
- Selbstverwirklichung (in der Arbeit, einem Tun oder einer Beziehung)
- Sinn, den ich durch mein Tun für andere erfahre

Menschen, denen alle drei Säulen zur Verfügung stehen, sind die glücklicheren. Dies ist ein subjektiver Gewinn, lässt sich aber auch im Umgang mit anderen Menschen nachweisen. Es kommt zu intra- und interpersonellen positiven Aufwärtsspiralen, zu sich selbst verstärkenden Kreisläufen des Glücks. Es gibt außerdem optimale Zeitperspektiven für Glück: Zufriedenheit mit der Vergangenheit, Glück in der Gegenwart und Optimismus für die Zukunft.

In der Theorie des »Flourishing«, also des Aufblühens vom Menschen, wird das PERMA-Prinzip von Martin Seligmann etabliert und als neue Positive Psychologie aktualisiert.

Die fünf Faktoren sind:

- **Positive Emotionen** – für Wohlbefinden, Gesundheit, stabile Teams und Beziehungen, am besten im Verhältnis von drei positiven zu einer negativen
- **Engagement**
- **Relationen** – also Beziehungen zu anderen Menschen
- **Meaning** – der Sinn des Tuns
- **»Accomplishment«** – hier geht es nicht um Ehrgeiz und Ego, sondern Zielerreichung um der Zielerreichung willen.

Die Positive Psychologie ist dabei nicht einfach ein weiteres Hilfsmittel in der Werkzeugkiste des Selbstcoachings, sondern eine Haltung zum Leben und zur Arbeit. Sie hilft, das Beste aus einer Situation zu machen. Optimismus, Neugier, Lebensfreude erweitern die Perspektive und ermöglichen Wachstum. Glückliche Menschen nutzen und entwickeln ihre sozialen und persönlichen Ressourcen, sind kreativer, motivierter, hilfsbereiter, sozialer und energievoller. Glück ist wie ein Perpetuum Mobile und füllt sich selbst. Das ist genau das, was Sie in wichtigen Belastungssituationen im Leben benötigen.

Umso begrüßenswerter finde ich die Initiative PERMA 2051, deren Ziel es ist, dass bis zum Jahr 2051 51 Prozent der Menschheit zum Aufblühen gekommen sind. Wenn wir uns an die Zukunftsbetrachtungen am Anfang des Buches erinnern, gibt es ja die besten Chancen für immer mehr Menschen, ein Leben in Wohlbefinden und Gesundheit zu führen. Wesentliche Voraussetzung dafür ist zunächst das Wissen, wie wir besser für uns selbst sorgen können. Danach sollten die Absicht zur Veränderung und das konsequente Umsetzen hinzukommen. Erinnern Sie sich: Allein die Absicht, etwas Gutes für sich zu tun, erhöht das Wohlbefinden.

Die Positive Psychologie wird öfter kritisiert. Ein Glücksdruck könne entstehen, so ein Vorwurf. Ein Gegenargument ist auch, dass die Betonung der individuellen Möglichkeiten zum Glück den Vorwurf des »Nur nicht Wollens« gegenüber dem Unglücklichen impliziert. Stimmt. Das rechte Maß muss jeder für sich selbst finden. Durch die explizite Beschäftigung der Positiven Psychologie mit gesellschaftlichen Institutionen neben den individuellen Optionen werden parallel dazu die Rahmenbedingungen geschaffen, damit immer mehr Menschen tatsächlich aufblühen können.

Eine optimistische Grundhaltung, die positive Erwartung, was alles möglich ist, scheint mir die Bestätigung des Konzeptes selbst zu sein. Es wäre ja auch noch schöner, wenn sich Forscher mit Optimismus, Hoffnung und Enthusiasmus befassen und dies dann selbst nicht leben.

Das Umdenken insbesondere für die Welt der Arbeit lohnt sich, weil wir nicht nur wie schon besprochen genauso gut oder schlecht arbeiten, wie wir uns fühlen. Glückliche Menschen bekommen auch von Kunden und Chefs bessere Bewertungen und verdienen mehr. Kunden kommen bevorzugt dorthin zurück, wo sie sich wohlfühlen.

Die Praxis des positiven Lebens

Die meisten Menschen sind tendenziell glücklich. Denn das Glück ist die Summe der guten Gefühle plus die kognitive Bewertung der Gefühle. Wichtig zu betonen ist, dass Glück sich selten unglaublich intensiv und ekstatisch anfühlt, sondern eher mittel angenehm ist.

Zum Glück gehören drei Bausteine:

- Prozesse unseres Denkstils, die meist unbewusst sind
- Lebensbedingungen wie das Einkommen, die Umwelt oder Ähnliches, die wir nur bedingt beeinflussen können
- Entscheidungen: Welchen Ereignissen schenken wir unsere Aufmerksamkeit?

Hierzu zitiere ich immer wieder gern die Definition des Dalai Lama: Glück sei eine geistige Disziplin. Wir entscheiden, worauf wir uns konzentrieren. Lenken Sie Ihre Aufmerksamkeit auf die vielen Möglichkeiten des Glücks und erleben Sie es dadurch öfter bewusst.

In Kapitel sieben werden wir uns mit all den praktischen Möglichkeiten befassen, wie es Ihrem Gehirn und damit Ihnen gut geht. Hier stelle ich schon einmal Praxisbeispiele mit Soforteffekt für Ihr Wohlbefinden vor.

Lächeln Sie öfter. Wer lächelt, lebt länger und hat weniger Herzkrankheiten. Lächeln macht glücklich, weil selbst ein unechtes Lächeln unserem Gehirn die Nachricht sendet, dass es uns gut geht. Sie »infizieren« damit gleichzeitig Ihre Mitmenschen und auch das sorgt dafür, dass Sie sich wohler fühlen.

Gehen Sie mit anderen aus, statt vor dem Fernseher zu sitzen. Glückliche Menschen verbringen 30 Prozent weniger Zeit vor dem Fernseher.

Bewahren Sie Erinnerungen an schöne Augenblicke im Leben. Sammeln Sie Fotos, Steine oder ähnliche scheinbar sentimentale Erinnerungsstücke, schreiben Sie auf, was Ihnen Gutes begegnet ist, und erhöhen Sie so die Wahrscheinlichkeit, noch mehr davon zu sehen.

Scharen Sie glückliche Menschen um sich. Verbringen Sie mehr Zeit mit Kollegen und Kunden, die Ihnen guttun. Bedenken Sie immer, dass wir uns nicht nur mit negativen Informationen, Gefühlen und Haltungen anstecken können, sondern auch mit guten. Suchen Sie nach angenehmen Kontakten oder sogar einem besten Freund bei der Arbeit. Es ist weniger wichtig, was wir tun, als mit wem wir zusammen sind. Ein bester Freund auf der Arbeit versiebenfacht das Engagement und führt zu besseren Kundenbeziehungen.

Denken Sie glücklich

Sonja Lyubomirsky erforscht den Denkstil von glücklichen Menschen. Ich bin mir sicher, Sie wissen aus eigener Erfahrung, wie das glückliche Denken geht, Sie wenden es nur zu wenig an. Weil uns andere Gewohnheiten, unsere Mitmenschen als schlechte Vorbilder oder schlicht der Aufwand an Selbstdisziplin davon abhalten.

Glückliche Menschen ergehen sich weniger in – vor allem negativen – Selbstreflexionen und stellen weniger Vergleiche mit anderen an, die zu eigenen Ungunsten ausfallen. Sie nehmen gute Ereignisse wirklich wahr und haben gelernt, dass sie sich für ihren Erfolg selbst verantwortlich fühlen dürfen.

Was steht dem glücklichen Denken im Alltag im Weg?

- Schlechte Denkgewohnheiten wie Grübeln, Ärger oder Spekulationen, die wir dann auch noch ernst nehmen und nicht als solche erkennen
- Perfektionismus. Perfektionisten stehen sich selbst im Weg, indem sie nicht nur Erfolg, sondern Perfektion wollen
- Schwarz-Weiß-Denken
- Selbstzweifel und mangelnde Wertschätzung für die kleinen Dinge
- Teilerfolge, Dranbleiben, kleine Schritte werden übersehen. Das Leben liefert jedoch viel öfter Grau, als Schwarz oder Weiß.

Vertrauen Sie in Ihre Resilienz, die Fähigkeit, die Schwierigkeiten des Lebens zu meistern. Wir alle haben schon so viel durchgestanden. Vom ersten Verlust eines Haustieres, über Umzüge oder schlechte Noten in der Schule, Kundenbeschwerden oder übellaunige Nachbarn. Stärken Sie sich in schwierigen, ja auch scheinbar aussichtslosen Situationen mit der Erinnerung, was Sie schon geschafft haben.

Überdenken Sie Ihren Glücksanspruch. Glückliches Denken ist eine bewusste Anstrengung, das Gute zu sehen, die Augen für das Gute im Leben zu öffnen, denn ob wir hin- oder wegschauen, abwerten oder genießen ist unsere Entscheidung. Das Genießen eines Erfolges oder eines schönen Ereignisses bringt Optimismus, künftig Ähnliches zu erleben. Der Genussmoment kann vergrößert werden über Tage, Wochen, Monate. Der Genuss ist umso intensiver, je mehr Zeit wir uns nehmen, im Genuss schwelgen und dankbar dafür sind. Das ist Glück, das wir trainieren können.

Besonders nötig haben wir dies gerade in der Welt der Arbeit. Dabei entscheidet Wohlbefinden nicht nur über die Produktivität, sondern auch die Arbeitszufriedenheit.

In Sachen Motivation ist eine Trendwende feststellbar: weg von führungsabhängiger Motivation hin zu einem Fokus auf die persönliche Arbeitssituation und das individuelle Wohlbefinden. Physische Arbeitsplatzbedingungen werden wichtiger und der Anspruch der persönlichen Erfüllung durch die Arbeit kommt hinzu. In Deutschland sind die Mitarbeiter zu 67 Prozent von ihrer Arbeitsbelastung, ihrem Arbeitsumfeld und ihrer Tätigkeit angetrieben. Zu 33 Prozent spielen Sicherheit und Wohlbefinden eine Rolle. Insbesondere für die Generation Y, also die heute 30-Jährigen, kommen gegenseitige Hilfe und der Freiraum für das Privatleben hinzu. Weltweit liegt Deutschland nur auf einem mittleren Engagement-Niveau – je nach Alter zwischen 55 und 58 Prozent. Stellen Sie sich einmal vor, was wir erreichen könnten, wenn das Engagement noch wächst!

Die Studie einer Hotelkette hat einen völlig anderen Blick auf das Thema Wohlbefinden geworfen. Sie definiert Wohlbefinden als das neue Statussymbol. Demnach sind für die befragten Reisenden nicht mehr Wohlstand, sondern zu 62 Prozent ein dauerhaftes Wohlgefühl und Ausgeglichenheit Statussymbole, noch vor einer guten Beziehung (48 Prozent) und beruflichem Erfolg (47 Prozent). Jeder Befragte gab an, unter Stress zu stehen, für 30 Prozent hatte er im Laufe des vergangenen Jahres zugenommen. Dem Wohlbefinden am meisten im Weg standen Zeitmangel und die Frage, wie Beruf und Privates unter einen Hut gebracht werden können. Trotzdem wissen die Teilnehmer der Studie, was ihnen guttut. Sie schlafen und essen bewusst, treiben Sport oder machen Yoga und meditieren für ihr Wohlbefinden. 38 Prozent sagten, dass digitale Enthaltsamkeit ihr Wohlbefinden steigern würde.

Eine kurze Geschichte der psychischen Ressourcen

Im vergangenen Kapitel haben wir uns die Entwicklung positiver Denkansätze in der Psychologie angeschaut. Aus diesen Ansätzen heraus hat sich die Positive Psychologie am besten etabliert. Aus ihr hervorgegangen ist das Konzept des Psychologischen Kapitals, das der Organisationspsychologe Fred Luthans 2007 präsentierte. Man kann seinen Ansatz als Teil einer Richtung in der Psychologie sehen, die sich zu

dieser Zeit unter dem Begriff »Positive Psychology Move-
ment« entwickelte und auf die Stärken und Fähigkeiten
von Menschen konzentrierte. Fred Luthans schlug erfolgreich die Brücke zwischen dieser Bewegung und der Wirtschaft. Historisch gesehen befasst die Wissenschaft sich seit
den 1960er-Jahren mit Humankapital, in den 1980ern mit
Sozialkapital, also Beziehungen und Netzwerken und seit
den 1990er-Jahren mit intellektuellem Kapital und Wissens-
bilanzen.

Das Wort Kapital wird zunächst verstanden als Mittel-
herkunft, und genau diese wollte Luthans im Sinne der
Herkunft von Motivation, Engagement und Gesundheit als
individuelle Leistungsvoraussetzungen erfassen und Möglichkeiten der Beeinflussung untersuchen.

In den Sozialwissenschaften wurde Kapital als Ressourcen interpretiert, die Menschen bei ihrer Zielerreichung zur
Verfügung stehen. Im Kontext des Unternehmenserfolges
wurde von Ressourcen außerdem erwartet, dass sie einzig-
artig und knapp sind und schwer imitiert oder ersetzt werden können. Genau das macht ihren Wert aus. Eine immer
wichtigere Rolle wurde den Führungskräften zugeschrieben.
Und zwar zunehmend weniger als Motivatoren und Allein-
unterhalter, sondern mehr als Förderer und Vorbilder.

Die aus Sicht des Wettbewerbsvorteils von Unternehmen
bedeutsamsten Ressourcen erklärte Fred Luthans zum
psychologischen Kapital, nämlich:

Selbstwirksamkeit: überzeugt von seinen Fähigkeiten
   sein
Hoffnung: sich Ziele setzen, daran festhalten und an
   das Erreichen glauben

Optimismus: eine zuversichtliche Sicht auf die Zukunft und seinen Erfolg haben

Resilienz: Widerstandsfähigkeit, Probleme und Schwierigkeiten meistern

Nun könnten Sie sich ja entspannt zurücklehnen und sich denken: »Wusste ich es doch, dann soll mein Chef mich mal hinter dem Ofen vorlocken.« Das ist der Weg, den gerade zu viele Menschen in unserem Land gehen, und der Grund, weshalb die Arbeit immer weniger Freude bringt. Wir selbst sind genauso verantwortlich wie die anderen, egal ob Chef, Eltern oder Freunde. Je mehr Verantwortung wir an andere abgeben, umso weniger Einfluss haben wir auf unser Leben und unsere Arbeit. Und umso weniger Spaß haben wir. Denn Engagement für sich selbst tut gut, macht frei und bringt uns viel eher dorthin, wohin wir wollen, als wenn andere raten, was für uns gut ist.

Für mich gibt es bislang kein Konzept, das die besten psychischen Ressourcen für Wohlbefinden und Leistungsfähigkeit zusammenführt und auf die Welt der Arbeit anwendet. Die vier Bestandteile des Psychologischen Kapitals gehen mir nicht weit genug. Eine klare Abgrenzung zwischen den Begriffen Kapital, Stärken, Potentialen, Tugenden und so weiter ist schwer. Mich hat der Begriff Ressource am meisten überzeugt. Warum? Das möchte ich auf den folgenden Seiten zeigen.

Sie kennen den Begriff Ressource aus der Umgangssprache als Quelle oder Mittel. Oft geht es um Boden- oder Rohstoffressourcen. Es gibt materielle oder immaterielle Ressourcen. In der Volkswirtschaftslehre geht es um Produktionsfaktoren wie Arbeit, Rohstoffe oder Ausbildung, in der Betriebswirtschaft steht die Einzigartigkeit von Unternehmen im Mittelpunkt. Sie setzt sich zusammen aus finanziellen, technologischen, physischen, organisatorischen und humanen Ressourcen.

! Sehen Sie die Parallele zum Menschen? Wir können unser Leben durchaus als Unternehmen verstehen. Alle diese Ressourcen haben wir auch.

Ressourcen in der Psychologie

Die **Arbeitspsychologie** befasst sich mit Ressourcen zur Erreichung von persönlichen und beruflichen Zielen, wozu neben Zeit physische, psychische, emotionale und soziale Ressourcen gezählt werden.

Im »**Salutogenese**«-**Ansatz** werden die persönlichen Ressourcen als gesunde Potentiale des Menschen verstanden.

Im **Ayurveda**, der indischen Gesundheitslehre, habe ich bei den Psychologen einen ähnlichen Denkansatz gefunden. Es wird angenommen, dass es »Jivatman«, die Seele, als Kernbestandteil unserer Psyche gibt, die nicht verletzbar und immer gesund ist. Darauf können wir immer bauen. Mir gefällt dieser zutiefst positive Gedanke, dass es immer etwas in uns gibt, was unantastbar gut und hilfreich ist. Wir müssen uns nur damit befassen, darauf vertrauen und darauf stützen.

Die Psychotherapie hat den Ressourcenbegriff aufgenommen als ein Potential aus Talenten, Fähigkeiten, Stärken und Erfahrungen. Sie werden als Kraftquellen für Veränderungsprozesse genutzt. Sowohl in der Psychotherapie als auch in der Medizin wurde es durch diese Sichtweise möglich, den Schwerpunkt weg vom Problem oder Defizit hin zu den Möglichkeiten zu verschieben und statt Fremdheilung und Abhängigkeit von Arzt oder Therapeut auf Selbstheilung und eigene Aktivität zu setzen.

Eileen Moritz hat einen weiteren Ressourcenaspekt beschrieben, der in einer Zeit der größeren Vernetzung der Menschheit mehr Bedeutung bekommt und den wir beim Thema Resilienz wiederfinden werden: die Netzwerke. Soziale Beziehungen sind individuelle soziale Ressourcen. Wir erfahren Unterstützung und Bestätigung, haben Zugang zu mehr Informationen und mehr Reichweite für uns selbst. Wir definieren uns über Ähnlichkeit und Zugehörigkeit, gehen wechselseitig Verpflichtungen ein, erfahren Bindung und Empathie.

Franz Petermann hat die Ressourcen mit Blick auf die Entwicklungspsychologie erforscht. Aus seiner Analyse möchte ich einige Gedanken vorstellen. Ressourcen werden darin als Schutz- und Kompensationsfaktoren verstanden. Sie wirken entwicklungs- und gesundheitsfördernd. Defizite und Schwächen können ausgeglichen werden. Sie sind in der Regel aktuell vorhanden, können aber auch nicht mehr oder noch nicht verfügbar, wohl aber angelegt sein.

! Das Großartige an den Ressourcen: Wir bauen auf etwas, das schon da ist.

Als Schutzfaktoren sind die Ressourcen *vor* dem Auftreten von Risikofaktoren vorhanden. Ihr »Puffereffekt« mildert oder verhindert Störungen und wirkt krankheitsvorbeugend. Als Kompensationsfaktoren werden sie zur Bewältigung bereits entstandener Störungen und Krankheiten eingesetzt. Wenn wir hier kurz die Brücke zu Stress und Burnout schlagen, wird deutlich, dass psychische Ressourcen sowohl präventiv als auch heilend wirken. Hinzufügen möchte ich, dass sie unendlich sind. Sie können in der Ausprägung als stärker oder schwächer, als leichter oder schwerer zugänglich wahrgenommen werden. Aber sie verbrauchen sich nicht!

Ein Grund für mich, den Ressourcenbegriff zu übernehmen, soll nochmals betont werden: Wir stützen uns auf Verfügbares. Dabei handelt es sich um offensichtliche Ressourcen, also die, die wir kennen. Es gibt jedoch auch Ressourcen, die wir nicht wahrnehmen und (wieder-)entdecken können. Außerdem kommt es zur Entwicklung neuer Ressourcen durch die Anwendung der schon vorhandenen. Es gibt keine Bedingungen, die wir erst erfüllen müssen, kein »Warmmachen« vor dem Anwenden, keinen aufwendigen Lernprozess. Es kann immer und überall losgehen.

Psychische Ressourcen im Fokus der Wissenschaft

Fred Luthans entwickelte einen Fragebogen, den PCQ, und untersuchte Menschen in den verschiedensten Wirtschaftszweigen, von Polizisten über Manager und Studenten, im Service und in Ausbildung und über die Grenzen verschiedener Kulturen hinweg. Er zeigte, dass jede seiner vier Komponenten – Selbstwirksamkeit, Hoffnung, Optimismus und Resilienz – schon für sich allein die Leistung und Zufriedenheit verbessert. Werden alle vier genutzt, werden die Ergebnisse noch getoppt. Die beeindruckenden Erkenntnisse seiner Studie kann man so zusammenfassen:

- Auf individueller Ebene werden höhere Ziele gesetzt. Mitarbeiter sind aktiv, engagiert und motivieren sich selbst, sind zufriedener mit der Arbeit, fühlen sich wohler und sind gesünder, haben eine stärkere Bindung an das Unternehmen und zeigen unternehmensförderliches Verhalten.
- Es kommt zu weniger Abwesenheit, Zynismus (ein Anzeichen eines Burnouts), Kündigungsabsicht und Stresserleben.
- Die Leistung wächst auch auf Team- und Unternehmensebene.
- Die Produktivität steigt und wird stabiler, der Arbeitsaufwand verringert sich.

Luthans erklärt, dass ein selbstwirksamer Mitarbeiter ein guter Mitarbeiter sei, weil er Veränderungen im Unternehmen akzeptiert und seine Anstrengungen an seine Ziele anpasst. Ein selbstwirksamer und hoffnungsvoller Mitarbeiter sei noch besser und zufriedener, weil er außerdem neue Teilziele und Wege entwickelt.

Das klingt ja schon wie im Schlaraffenland! Wir wollen uns trotzdem noch die anderen Ressourcen und ihre wissenschaftlich erwiesene Wirksamkeit ansehen.

Alex M. Wood hat sich mit dem Thema **Dankbarkeit** befasst und bestätigt, dass Dankbarkeit zu einem sinnerfüllten Leben führt. Es kommt zu persönlichem Wachstum, besseren Beziehungen und höherer Selbstakzeptanz. Dankbarkeit fördert nicht nur das Wohlbefinden, sondern sagt es sogar voraus. Je dankbarer jemand ist, umso wohler fühlt er sich und umgekehrt.

Die Arbeitsgruppe um Willibald Ruch an der Universität Zürich hat die Beeinflussung von Stärken, die hoch mit Lebenszufriedenheit korreliert sind, wie **Neugier, Humor, Dankbarkeit, Enthusiasmus und Optimismus** untersucht und mit einem Training anderer Stärken für die Kontrollgruppe (zum Beispiel Sinn für das Schöne oder Freundlichkeit) bzw. einer zweiten Kontrollgruppe, die nichts tat, verglichen. Sie konnte zeigen, dass sich ausgewählte Interventionen lohnen, weil nur die erste Versuchsgruppe ihre Lebenszufriedenheit signifikant verbesserte. Für uns ist die grundsätzliche Möglichkeit der Verbesserung von Optimismus und Dankbarkeit besonders relevant.

Christian Heinrich hat einen Überblick über den Nutzen von **Optimismus** zusammengetragen. Optimisten leben nicht nur länger und gesünder, sondern sind auch in Extremsituationen geschützter. Ob Optimismus und Gesundheit Hand in Hand gehen, Optimisten gesünder leben oder Gesunde optimistischer sind, weil sie mehr Grund dazu haben, ist noch unklar. Optimisten erholen sich auch nach Operationen schneller. Selbst Kriegsgefangene waren weniger körperlich und seelisch krank, wenn sie Humor oder Sinn im Leben fanden, Altruisten und Optimisten waren.

! Es ist übrigens gleichgültig, ob die Gefühle echt sind oder »künstlich« hervorgerufen werden. Mit guten Gefühlen und Gedanken ist man stressresistenter und erholt sich schneller, egal woher sie kommen.

Ute Eberle verfolgte Experimente zum Training genau dieser guten Gedanken. Auch sie fand heraus, dass Optimisten nicht nur seltener krank sind, einen niedrigeren Blutdruck haben, sich schneller erholen und besser heilende Wunden aufweisen, sondern auch gelassener mit Stress umgehen. Sie sorgen sich weniger und sind kreativer. Selbst bei gleichen Lebensgewohnheiten sind Optimisten gesünder, vor allem ab der Lebensmitte. Eberle berichtet sogar von Experimenten, in denen schon fünf Minuten Tagträumen über noch zu erfüllende Wünsche zu einer optimistischeren Haltung führen.

Aber was, wenn es gar keinen Grund zum Optimismus gibt? Shelley E. Taylor hat positive Illusionen bei Schwerkranken untersucht. Ihr Ausgangspunkt ist, dass psychische Potentiale wie Optimismus, Kontrolle oder Sinn bekannt dafür sind, die psychische und körperliche Gesundheit zu schützen. Sie helfen, mit den »Aufs und Abs« des Lebens zurechtzukommen. Die Fragestellung war, wie diese Potentiale bei lebensbedrohlichen Krankheiten wirken. Das Ergebnis: Sie scheinen eine Art Puffer zu sein, denn sogar unrealistischer Optimismus, der nichts mit der tatsächlichen Gesundheitssituation zu tun hat, schützt die Gesundheit. Das Gefühl, einen Sinn in der Krankheit zu finden, verlangsamt deren Verlauf.

Die untersuchten Frauen waren der Annahme, die Krebserkrankung unter Kontrolle zu haben oder gesund zu sein, selbst wenn die medizinischen Fakten anders aussahen. Dies führte dazu, dass sie Stresswerte wie mental Gesunde hatten und sich wohlfühlten – auch dann, wenn der Krankheitsverlauf dagegen sprach. Offenbar haben positive Illusionen per se einen schützenden psychologischen Effekt. Durch ihren emotionalen Einfluss werden auch positive physiologische Wirkungen zum Beispiel im endokrinen Nervensystem erzeugt. Positive Annahmen führen auch nicht etwa zu riskantem, sondern zu gesünderem Verhalten.

Bei ihrer Arbeit mit Aidskranken fand die Forscherin heraus, dass bei realistischer Akzeptanz des eigenen Todes dieser neun Monate früher eintrat als bei einer zuversichtlichen Haltung. Die Zuversichtlichen waren weniger depressiv und fühlten sich besser. Das hatte körperliche Folgen. Pessimistische Erwartungen waren ein signifikanter Prediktor für das Auftreten der Symptome. Das Finden eines Sinns und einer neuen Bedeutung des Lebens verlangsamt auch hier die Krankheitsverläufe.

Hier schließe ich gleich noch kurz das Thema Placebo an. Es wird nun endlich auch bei uns »salonfähig«. Selbst das Bundesministerium für Bildung und Forschung beschäftigt sich damit. Als Placebo wird eine Wirkung beschrieben, die nicht durch ein Medikament selbst, sondern durch die Kraft der Gedanken zustande kommt. Es ist ein positiver Effekt, der bislang nur in der Medizin untersucht wurde, allerdings auch im ganz normalen Alltag wirkt. In einem Interview mit Dr. Ulrike Bingel, Schmerzforscherin an der Universität Hamburg, finden wir die erstaunlichen Fakten zusammengefasst:

> Zwischen 20 und 90 Prozent wird der Anteil des Placeboeffekts eingeschätzt. Die wichtigste Voraussetzung ist die positive Erwartung der Patienten. Diese entsteht durch gute Erfahrungen oder überzeugende Erklärung. Der Wirkmechanismus kann im Gehirn nachgewiesen werden.
>
> Im Gehirn wird zum Beispiel körpereigenes Morphium freigesetzt, das an verschiedenen Stellen die Schmerzwahrnehmung verändert. Hat man einen Schmerz schon einmal erlebt, bereitet sich der Körper durch die rechtzeitige Ausschüttung von Endorphinen darauf vor, sodass er geringer als beim ersten Mal ausfällt. Wenn man Schmerzpatienten, ohne dass sie es mitbekommen, Morphium spritzt, muss es viel höher dosiert werden, als wenn sie die Gabe wahrnehmen.
>
> Der Noceboeffekt ist die Kehrseite des Placebo-

effektes, die Erwartung, dass etwas schaden wird. Wenn Sie Beipackzettel lesen oder vom Arzt belehrt werden, welche Nebenwirkungen ein Medikament hat, dann werden Sie diese höchstwahrscheinlich auch erleben. So können Süßigkeiten Übelkeit auslösen, wenn dies als Nebenwirkung erwartet wird. Einmal Gehörtes oder Gelesenes vergessen wir schlecht und das Gehirn beginnt gemeinsam mit dem Körper an der Erfüllung zu arbeiten.

Dass der Noceboeffekt auch bei psychischen Erkrankungen wirkt, zeigt das Thema Burnout. Es ist inzwischen nachgewiesen, dass wir uns durch das ständige Hören und Lesen darüber »anstecken« und selbst Symptome entwickeln. Vorsicht auch vor abfälligen, pessimistischen oder kränkenden Bemerkungen. Sie wirken. So wie wir an der Tafel in Mathe versagt haben, wenn der Lehrer sich vorher über unsere mangelnden Fähigkeiten lustig gemacht hat oder Sportler unter Erfolgsdruck ihre Begabungen verlieren, ergeht es auch unseren Kollegen und Mitarbeitern, wenn wir an ihnen zweifeln. Dazu müssen wir nicht einmal aussprechen, was wir von ihnen halten. Der Gedanke reicht und wird vom sogenannten Spiegelneuronensystem unseres Gegenübers unbewusst erfasst und übernommen.

Die schlechte Angewohnheit, dass in Unternehmen die Krisen und Gefahren größer gemalt werden, als sie sind, dass der Fokus bei den Problemen statt den Potentialen liegt, ist kontraproduktiv, weil alle unbewusst an der Erfüllung der Befürchtungen arbeiten.

Drehen Sie den Spieß besser um. Wenn Ihnen grundloser Optimismus schwerfällt, dann suchen Sie nach guten Beispielen, sammeln Sie gute Nachrichten, beginnen Sie Teammeetings mit Erfolgen, suchen Sie die Chancen, Potentiale und Möglichkeiten.

Sandra Schmidt hat im Jahre 2010 Studien zur **Sinnfrage** im Leben ausgewertet und im Überblick festgestellt, dass sich ein großer Teil der Menschen im Alltag keine Gedanken über den Sinn macht. Psychologen beschreiben dies als »Alltäglichkeit« der Menschen oder »Existenzielles Vakuum«. Dieses Phänomen hat zwei mögliche Gründe. Zum einen konzentriert sich unsere Gesellschaft eher auf materielle Werte. Zum anderen erleben wir ein ständiges Gefühl des Zeitmangels, das wiederum zu Stress führt. Bemerkenswert ist, dass diese scheinbare Selbstverständlichkeit oder Gleichgültigkeit dem Leben gegenüber sich sofort ändert, wenn wir krank werden oder sogar in Lebensgefahr sind. Dann plötzlich erkennen wir den Wert von Gesundheit und Leben und wollen sie unbedingt wiederhaben. Ich spekuliere einmal kühn und frage uns alle, ob wir deshalb so viele Herz-Kreislauf-Erkrankungen haben, weil wir zum Nachdenken über Herzensthemen wie die Liebe zum Leben gezwungen werden müssen?

Sandra Schmid wertete die Untersuchungen von Tatjana Schnell aus, die Deutsche zu ihrem Lebenssinn befragte. Im Ergebnis hatten 61 Prozent ein sinnerfülltes Leben, nur 4 Prozent litten unter einer Sinnkrise. Aber 35 Prozent waren existenziell indifferent, sie erlebten also keine Krise, aber auch keine Klarheit. Verheiratete empfanden ihr Leben eher als sinnerfüllt, Arbeitslosigkeit führte eher zu Sinnkrisen. Am nützlichsten für eine gute Stimmung und Lebenszufriedenheit war erwartungsgemäß ein sinnerfülltes Leben.

Marcel Hunecke hat sich mit unseren Stärken und Potentialen unter dem Aspekt der Nachhaltigkeit befasst. Er ist Professor für Psychologie, Organisations- und Umweltpsychologie und sucht nach immateriellen Zufriedenheitsquellen. Wir stehen an der Schwelle zur Postwachstumsgesellschaft und müssen uns darauf vorbereiten, indem wir umdenken.

Ausgangspunkt seiner Überlegungen ist, dass sich in Wohlstandsgesellschaften das Wohlbefinden durch mehr materiellen Erfolg kaum noch steigern lässt. Der Druck, immer neuen materiellen Wohlstand erschaffen zu wollen, beeinträchtigt das Wohlbefinden sogar eher. Wir können nun also lernen, Glück aus dem, was wir haben und sind, zu beziehen.

Es geht nun also darum, unsere Zufriedenheit aus immateriellen Quellen zu beziehen. Die Abkehr von Konsum ist nicht so einfach, weil er Identität und Zugehörigkeit verleiht. Dies trifft auch auf unsere Erlebniskultur zu. Die Reisen müssen immer weiter und anspruchsvoller sein, die Yogakurse immer ausgefallener. Das Umdenken bestünde laut Marcel Hunecke im Engagement statt im Konsum. Das sinnvolle Leben legt den Schwerpunkt auf unsere Beziehungen und die Einordnung in ein größeres Ganzes. So gelingt es uns leichter, über die aktuellen »Haben wollen«-Bedürfnisse hinaus zu denken. Statt immer mehr zu konsumieren, sollten wir in die Steigerung der Genussfähigkeit investieren.

Marcel Hunecke sieht Genussfähigkeit, Selbstakzeptanz sowie Selbstwirksamkeit als Fundament einer starken Persönlichkeit. Deren Achtsamkeit, Sinn und Solidarität findet Zufriedenheit in immateriellen Werten.

Palliativmediziner an der Universität München befragten über 1000 Menschen in Deutschland zum Thema Sinn:

- Den höchsten Stellenwert hatten die Familie mit 82,7 Prozent und die Arbeit mit 54,1 Prozent.
- Wie auch beim Thema Wohlbefinden zeigte sich eine Verteilung über die Lebensalter. Die kleinsten Werte gab es im Alter von 30 bis 49 Jahre, die größten bei den Menschen über 60. In den Jahren, in denen wir Dreifachbelastungen erleben und am stärksten mit der Karriere befasst sind, nehmen wir uns einfach keine Zeit für Sinnfragen.
- Auch die Sinngeber ändern sich. Jüngere (16 bis 19) gaben an, dass Freunde am wichtigsten für ihr Sinnerleben seien, 20- bis 29-Jährige nannten den Partner, 30- bis 39-Jährige ihre Arbeit, 60- bis 69-Jährige Gesundheit und Altruismus und über 70-Jährige Natur und Spiritualität. Frauen hatten höhere Werte als Männer und nannten häufiger die Bereiche Tiere/Natur, Familie und Gesundheit.

Patrick Hill von der Carleton Universität in Kanada hat in den USA und Kanada ältere Menschen untersucht. Daten von mehr als 6000 Teilnehmern wurden analysiert. Innerhalb von 14 Jahren starben 569, deren Antworten man sich genauer ansah. Diese Menschen hatten weniger häufig Ziele, weniger positive Beziehungen zu anderen und weniger Sinnerleben angegeben. Die Psychologen schlussfolgerten, dass es unabhängig vom Lebensalter günstig ist, Ziele zu haben. Insbesondere ältere Menschen gewinnen dadurch, weil Struktur und Bedeutung des Tuns durch die Arbeit wegfallen. Warum alle Altersgruppen von Zielen profitieren, war den Forschern noch nicht völlig klar. Sie stellten die Hypothese auf, dass Menschen mit Ziel und Sinn mehr auf ein gesundes Leben achten würden, weil sie noch Wichtiges vorhätten.

Fühlt sich nicht allein das Lesen über die positiven Effekte der psychischen Ressourcen schon unglaublich gut an? Erkennen Sie, was für ein Potential Sie in sich tragen? Dann ist es nun höchste Zeit, dass wir persönlich werden und uns damit befassen, wie es um Ihre psychischen Ressourcen steht. Ich bin mir sicher: besser, als Sie glauben. Denn wir wissen in der Regel sehr genau, woran wir arbeiten müssten oder was wir gern anders hätten, aber kaum, was wir haben und sind. Unsere Talente schlummern viel zu oft im Verborgenen. Lassen Sie uns diese wecken.

5. Die besten psychischen Ressourcen im Überblick

In diesem Kapitel möchte ich Ihnen mein »Best-of«-Konzept der psychischen Ressourcen vorstellen und zeigen, warum ich genau diese Ressourcen für die besten halte, wenn es um Wohlbefinden, Leistungsfähigkeit und Gesundheit bei der Arbeit geht. Ich lege den Schwerpunkt zum einen darauf, wie wir selbst besser für uns sorgen können, zum anderen darauf, was vorhanden ist. Weil wir dort am schnellsten und einfachsten anfangen und etwas erreichen können. Ich habe mich von der bislang vorhandenen Forschung und der Erfahrung aus meiner praktischen Arbeit leiten lassen.

In Sport und Musik ist längst bekannt, dass es viel wirkungsvoller ist, Stärken zu stärken, als an seinen Schwächen zu basteln. Denn der Ausbau von Stärken beziehungsweise Ressourcen führt dazu, dass die Schwächen überstrahlt werden. Die Positive Psychologie hat Stärken und Tugend umfassend im Hinblick auf das tägliche Wohlbefinden erforscht und festgestellt, dass es durchaus kulturelle Unterschiede gibt, welche Stärken als Stärken angesehen werden. Weltweit einig ist man sich über Freundlichkeit, Fairness, Authentizität, Dankbarkeit und Offenheit.

Wohlbefinden wird in zwei Ausprägungen untersucht. Als subjektives Wohlbefinden (auch *hedonic wellbeing*), das durch häufiges Erleben positiver Emotionen und Stimmungen entsteht; zum anderen als Zufriedenheit (*eudaimonic wellbeing*) mit einem zusätzlichen Sinnzusammenhang. Letzteres basiert auf Autonomie, Einfluss auf unsere Umwelt, persönlichem Wachstum, guten Beziehungen, Sinn und Selbstakzeptanz. Diese Komponenten sind Weg und Ziel zugleich. Wenn ich autonom handle, wachse ich, und wenn ich wachse, fällt es mir leichter, autonom zu handeln. Hier finden wir schon einen Bezug zu einer der Anforderungen der Zukunft – Autonomie durch und für Wohlbefinden.

Barbara Fredrickson hat einige Stärken zusammengestellt, die sich besonders intensiv auf eine positive Lebenseinstellung auswirken. Das sind Dankbarkeit, Freude, Heiterkeit, Interesse, Hoffnung, Stolz, Vergnügen, Inspiration, Ehrfurcht, Liebe. Aus den Studien von Willibald Ruch ergeben sich folgende Stärken als die wirkungsvollsten für Lebenszufriedenheit: Neugier, Tapferkeit, Mut, Authentizität, Bindungsfähigkeit, Dankbarkeit, Hoffnung. Sie gehören zu den 24 von der Positiven Psychologie definierten Stärken (VIA Classification of Strengths). Wenn Sie sich selbst dazu einmal testen wollen, geht das hier: www.charakterstaerken.org.

Besonders interessant für uns ist, dass jedes Training von Stärken positives Erleben bringt. Allerdings verbessern nur die sogenannten Signaturstärken das Wohlbefinden signifikant. Jeder hat drei bis fünf Signaturstärken, das sind diejenigen Charakterstärken, die bei Ihnen am stärksten ausgeprägt sind. Sie erkennen sie daran, dass Sie sich besonders wohlfühlen, wenn Sie sie einsetzen, und das Gefühl haben »Das bin ich«. Willibald Ruch hat auch untersucht, ob es zu einer subjektiven Verzerrung bei der Beurteilung von Stärken kommt, ob Sie sich also anders einschätzen als Ihr Umfeld. Das ist offenbar nicht der Fall. Denn zum Beispiel für Dankbarkeit, Enthusiasmus und Hoffnung ist die Beurteilung des Partners ähnlich wie die Eigenbeurteilung.

Wenn man die Forschung rund um die Positive Psychologie zusammenfasst, führt das zu folgender Verdichtung:

Neugier (Ich erfahre und probiere gern Neues)
Authentizität (Ich bin echt)
Bindungsfähigkeit (Ich kann dauerhafte emotionale Beziehungen eingehen)
Freundlichkeit (Ich verhalte mich wohlwollend und liebenswürdig)
RESILIENZ (Ich bin ein Stehaufmännchen bei Problemen)
SELBSTWIRKSAMKEIT (Ich weiß, dass mein Tun etwas bewirken kann)
Dankbarkeit (Ich bin anerkennend und wertschätzend)
HOFFNUNG (Ich bin überzeugt, dass ich meine Ziele erreichen kann)
OPTIMISMUS (Ich erwarte eine positive Zukunft, die ich selbst gestalte)
Humor (Ich nehme die Dinge heiter und gelassen)
SINN (Ich denke in größeren Bedeutungszusammenhängen)
Enthusiasmus (Ich kann mich für etwas begeistern)
Mut (Ich wage etwas)

Die **fett** markierten Stärken haben eine hohe Verbindung zur Lebenszufriedenheit, die GROSS geschriebenen sind die optimalen Stärken für beruflichen Erfolg.

Im nächsten Schritt der Auswahl soll Nachhaltigkeitsaspekten und den künftigen Anforderungen unserer Gesellschaft Rechnung getragen werden. So kommt die Genussfähigkeit hinzu. Schließlich werden Ressourcen, die aus meiner Sicht in anderen wiederzufinden sind oder die in der Literatur keine so große Rolle spielen, wieder entfernt. Heraus kommen unsere sieben wichtigsten Komponenten der psychischen Ressourcen:

RESILIENZ (Ich bin ein Stehaufmännchen bei
  Problemen)
SELBSTWIRKSAMKEIT (Ich weiß, dass mein Tun
  etwas bewirken kann)
Dankbarkeit (Ich bin anerkennend und wertschätzend)
HOFFNUNG (Ich bin überzeugt, dass ich meine Ziele
  erreichen kann)
OPTIMISMUS (Ich erwarte eine positive Zukunft, die
  ich selbst gestalte)
SINN (Ich denke in größeren Bedeutungszusammen-
  hängen)
Genussfähigkeit (Ich kann mich an etwas erfreuen)

Diese psychischen Ressourcen zu kennen und bewusst einzusetzen ist für Sie eine neue Chance, den Anforderungen des Lebens leichter gerecht zu werden. Gerade in Veränderungssituationen in Unternehmen werden zum Beispiel Optimismus oder Hoffnung benötigt. Die gute Nachricht ist, dass man sogar andere anstecken und so für eine bessere Stimmung im Unternehmen sorgen kann. Manchen ist es eher unangenehm, weil ungewohnt, über die eigenen Stärken zu sprechen. Dies kann man lernen. Als Führungskraft können Sie für eine Atmosphäre sorgen, in der positives Feedback und die Nutzung von Stärken selbstverständlich sind.

Lassen Sie uns nun die Best-of-Liste der psychischen Ressourcen im Einzelnen betrachten und begründen.

Hoffnung

Hoffnung ist die Fähigkeit, Ziele zu definieren, verschiedene Wege dorthin zu finden und sich selbst zu motivieren, diese zu erreichen, also »dranzubleiben«. Die Ziele können kleiner oder größer sein, aber man muss sie sich vorstellen können. Ziele, die unvorstellbar sind, sind genauso demotivierend wie Ziele, deren Erreichen zu sicher ist. Was Sie erreichen wollen, muss zumindest mittel attraktiv und mittel herausfordernd sein.

Beim Thema Hoffnung gehört zur Zielerreichung ganz explizit die Entwicklung verschiedener Wege. Meist gibt es einen Favoriten, den Weg, den man bevorzugt geht. Doch die Varianten machen die Kraft der Hoffnung aus. Hilfreich ist, sich das Ziel und die positiven Konsequenzen genau vorzustellen. Daraus gewinnt man Energie zum Aktivwerden.

In einer Studie, in der der Erfolg von kognitiven Therapien unter die Lupe genommen wurde, hat man festgestellt, dass verschiedene Ansätze ähnlich wirksam sind. Die Schlussfolgerung ist, dass etwas Gemeinsames zugrunde liegen muss: der Placeboeffekt des Prinzips Hoffnung. Weil der Klient erwartet, dass sich etwas verbessert, verbessert es sich, egal auf welchem Weg.

Hoffnung ist die Verbindung des Jetzt mit der Zukunft. Ein Schutz vor Resignation. Eine Hilfe bei der Bewältigung von Anforderungen. Kein Wunschdenken oder Illusionen, auch nicht einfach eine positive Lebenseinstellung, sondern das Festhalten an gesteckten Zielen, komme was da wolle. Gleichwohl wurde bei Menschen mit hohem Hoffnungspotential festgestellt, dass sie außerdem einen positiven Blick in die Zukunft haben, die Schnittstelle zum Optimismus.

Optimismus

Optimismus ist die Überzeugung, in der Zukunft positive Dinge zu erleben und – dies ist besonders wichtig – selbst dafür etwas tun zu können. Optimistische Menschen stellen sich den Anforderungen und lernen dabei, dass sie selbst Einfluss haben. Das wiederum führt zu einem positiven Kreislauf neuer optimistischer Erwartungen. Geht etwas schief, wird der Optimist wieder aktiv und lernt daraus, statt sich selbst anzuklagen.

Optimisten sind offen und gehen auf andere Menschen zu. Sie nutzen soziale Unterstützung. Weil sie offen und aktiv sind, sind sie für andere meist ein angenehmer Umgang. Die aktivere Lebenseinstellung macht Optimisten stressresistenter und es gelingt ihnen leichter, Krisen zu bewältigen. Wenn ich in einer Krise weiß, dass ich ein positives Ergebnis selbst beeinflussen kann, ist sie weniger bedrohlich. Ich fühle mich besser und deshalb kann ich tatsächlich besser denken und handeln.

An dieser Stelle möchte ich noch einmal betonen, dass positive Erwartungen nur dann etwas nutzen, wenn ihnen Taten folgen. Egal, ob Sie abnehmen wollen oder eine berufliche Karriere starten, Tagträume sind nicht genug. Sie können sogar eher vom Tun abhalten, wenn die Illusion damit verbunden ist, die Dinge würden von allein geschehen. Die eigene Aktivität ist der Schlüssel zum Erfolg. Mental geht es dabei um den Spielraum zwischen negativem und positivem Denken, den es zu entdecken gilt. Wenn eine Situation also negativ ist, geht es darum, eine andere Perspektive einzunehmen und neue Aspekte zu sehen.

Realistischer Optimismus wäre das Optimum, um sich vor der als »*Optimism bias*« bezeichneten optimistischen

Verzerrung zu schützen. Damit wird die Tendenz der Optimisten beschrieben, alles Erfreuliche zu überschätzen, zum Beispiel Gesundheit oder Talente. Unterschätzt werden dabei Risiken und negative Informationen. Vorsicht ist außerdem angesagt, wenn es um Krisen und Krankheiten geht. Gar zu schnell wird heute mangelnder Wille und Anstrengung unterstellt. Übertriebene Zuversicht kann auch nachteilig sein, wenn man die eigene Belastung nicht mehr bemerkt.

! Hoffnung und Optimismus gehen Hand in Hand. Während Optimismus die generelle Überzeugung ist, Positives zu erleben, ist die Hoffnung der Wille, die Motivation und das konkrete Wie.

Selbstwirksamkeit

Selbstwirksamkeit ist das Bewusstsein für die eigenen Fähigkeiten und Fertigkeiten, mit denen Aufgaben und Anforderungen erfolgreich bewältigt werden. Sie führt zu höheren Zielen, Selbstmotivation, Anstrengung und Durchhaltevermögen. Wir lernen Selbstwirksamkeit durch Erfolg, also durch die direkte Erfahrung; durch Modelllernen, also indirekte Erfahrung; durch verbale Ermutigung (eigene und fremde) sowie die guten Gefühle, die mit einer selbstwirksamen Erfahrung verbunden sind.

Häufig ist das Motiv, eine Therapie oder ein Coaching zu beginnen, dass der Klient »mit seinem Latein am Ende ist«. Dass er die eigenen Möglichkeiten als ausgeschöpft oder nicht wirksam ansieht. Von seinem Coach erwartet er, ihn zu neuen Lösungen zu führen. Meist ist die Hoffnung sogar ähnlich wie beim Arzt: Man erwartet, dass dieser besser weiter weiß als man selbst. Was wirklich geschieht, ist eher eine Erweiterung der Perspektive. Gemeinsam kann man an die vorhandenen, nur nicht mehr wahrgenommenen Ressourcen des Klienten anknüpfen.

Diese Wahrnehmung der eigenen Möglichkeiten und die diesbezügliche Verantwortung ist eine echte Herausforderung. Denn es kann uns einfach niemand etwas abnehmen, wie wir uns das manchmal wünschen. Erinnern Sie sich hier noch einmal an die Frage: »Warum immer ich?«

In Unternehmen wird die Ressource der Selbstwirksamkeit oft nicht oder falsch eingesetzt. Die Mitarbeiter erwarten allzu oft vom Chef eine Lösung oder zumindest eine Richtungsvorgabe. Reagiert dieser wie gewünscht, weil er ein Chef der alten Schule ist, oder glaubt, keine Zeit zum Warten zu haben, bis die Mitarbeiter selbst aktiv werden, verlernen die Mitarbeiter, die eigenen Ressourcen zu nutzen. Dann kommen noch zwei, drei negative Erfahrungen mit eigenen Ideen und Vorschlägen, die ignoriert wurden, hinzu, und es wird aufgegeben.

Der Weg aus dieser Falle ist die Rückbesinnung auf die eigenen Ressourcen, das Training der eigenen Selbstwirksamkeit und das Setzen und Anstreben neuer Ziele. Probleme müssen in interessante und vorstellbare Ziele übersetzt werden, dann kommt auch die Motivation wieder.

! Das Tun schafft neue, positive Erfahrungen und diese bringen mehr Zufriedenheit.

Resilienz

Resilienz ist die Widerstandsfähigkeit, Anpassungsmöglichkeit und damit die Bewältigung kritischer Situationen. Sie ermöglicht es uns, in Krisensituationen weiterhin normal zu funktionieren. Eine schnellere Erholungsfähigkeit kommt hinzu. Resiliente Menschen sind meist auch optimistisch, gelassener, mit sich im Reinen, haben klare Ziele und verfolgen diese konsequent. Sie sind in der Lage, die Dinge, auch die negativen, so zu nehmen, wie sie sind.

Für den Arbeitsplatz bedeutet dies zum Beispiel, Krisen, unerwartete Veränderungen und Unsicherheit für Fortschritt und positive Veränderungen zu nutzen. Es bedeutet ebenso, eigenverantwortlich zu handeln und sich einzubringen, statt abzuwarten und vor allem der falschen Hoffnung aufzusitzen, es möge alles wieder wie früher werden.

Gute Gefühle verstärken die Resilienz in negativen Situationen – wer gut drauf ist, hat den besseren Überblick und das kreativere Problemlöseverhalten, ist weniger schnell aus der Balance zu bringen und dadurch weniger angreifbar. Resiliente Menschen befassen sich mit Problemen, wenn sie da sind. Nicht vorher und nicht danach. Dadurch verringern sie die Belastungszeit, was sich durch weniger Stress und Krankheit bemerkbar macht.

Jedes Überstehen von Krisen erhöht die Resilienz für weitere. Es sammeln sich die guten Beispiele, was man alles geschafft und überstanden hat. Das führt dazu, dass man die nächste Krise noch besser bewältigen kann. Hier haben wir schon wieder einen positiven Kreislauf. Und der nächste lautet: Resiliente Menschen behalten auch in Krisen ihre Gesundheit, ihr Wohlbefinden, ihre Zufriedenheit und Leistungsfähigkeit.

! Wenn es Ihnen gut geht, können Sie Krisen besser meistern, und so geht es Ihnen auch in Zukunft besser.

Sinn

Sinn ist ein wichtiger Bestandteil der psychischen Gesundheit, er ist die Verbindung zu einem größeren Ganzen. Sinnfragen setzen individuelle Reflektion und damit Zeit und Muße zum Nachdenken voraus. Sinnzusammenhänge können kurz- oder langfristig sein. Der größte ist sicher die Frage nach dem Sinn des Lebens, dem Sinn des eigenen Lebens.

> Reinhard Tausch gibt eine Aufstellung darüber, wo wir Sinn in unserem Leben finden:
>
> - Wenn wir etwas für andere tun oder eine Aufgabe erfüllen, die wir bejahen.
> - Wenn wir etwas verstehen, das wir uns erschlossen haben.
> - Vertrauen und Glauben
> - Kunst und Familie

Häufig ist das Erleben von Sinn mit dem Erleben von Grenzen und dem Verständnis für eine Ordnung verbunden. Viele Menschen, die eine Krankheit oder einen Verlust erfahren und sich damit auseinandersetzen, kommen zu Sinnfragen.

Sinnerfahrungen sind begleitet von positiven körperlichen und seelischen Erfahrungen. Eine Befragung, was als sinnvoll im Leben betrachtet wird, kam zu folgendem Ranking:

- Für andere etwas tun, einschließlich der Familie: 68 Prozent
- Soziale Beziehungen haben: 62 Prozent
- Mit anderen etwas tun: 57 Prozent
- Arbeit, Beruf und das Gefühl, gebraucht zu werden: 45 Prozent
- Freunde zu haben: 31 Prozent

Im Alltag gehen Sinnfragen häufig in Stress, Hektik und dem Gefühl von Zeitmangel unter. Dann kommt es zum Gefühl der Sinnlosigkeit, dem Erleben von Mangel, Unverständnis, Erschöpfung, Depression. Man gibt auf und merkt das meist nicht einmal.

Dankbarkeit

Irgendwie ist alles schon einmal da gewesen. Das, was die Glücksforschung heute wissenschaftlich untersucht, wissen wir aus unserem Alltag längst. Eine der ältesten, wirksamsten und einfachsten Ressourcen ist Dankbarkeit, die leider viel zu oft unserem Optimierungswahn zum Opfer fällt. Es geht um das Bewusstsein dafür, wie gut es das Leben mit uns meint, und ein Gefühl, das klar im Herzen zu lokalisieren ist.

Robert Emmons ist einer der führenden Dankbarkeitsforscher und hat zusammengetragen, wie Dankbarkeit funktioniert und sich auswirkt. Dankbarkeit ist eine Orientierung auf das Gute im Leben. Egal wie viele Schwierigkeiten wir erleben, ob wir enttäuscht werden oder etwas anders als erwartet läuft, wir können für das übrige Schöne und Angenehme im Leben – das es trotzdem immer gibt – dankbar sein.

Voraussetzung und Ergebnis ist die Konzentration auf die Gegenwart, auf das, was ist. Wir spekulieren weniger und das erleichtert wiederum die Dankbarkeit.

! Dankbarkeit verhindert und heilt negative Gefühle, denn sie werden ausgeglichen, ersetzt oder finden gar nicht erst statt.

Sie können nicht im gleichen Moment dankbar und enttäuscht sein. Dankbarkeit verändert unsere Wahrnehmung und lenkt den Blick auf das Positive – und damit auf weitere Gründe, dankbar zu sein.

Wir sind stressresistenter, wenn wir schwierige Situationen in einen größeren Rahmen einzuordnen und damit zu relativieren verstehen. Dadurch können wir uns auch schneller erholen. Dankbarkeit fördert also die Resilienz und das Erleben von Resilienz macht dankbar. Beides führt zu besserer Gesundheit, stärkt das Immunsystem, Schmerzen werden weniger stark wahrgenommen, der Blutdruck sinkt und der Schlaf verbessert sich.

Dankbarkeit ist eng verbunden mit der Ressource Sinn. Dankbare Menschen sind hilfreiche Menschen. Die Freude über das, was uns Gutes widerfährt, erhöht die Bereitschaft, selbst Gutes zu tun.

Genussfähigkeit

Für mich ist die Krönung der sieben Ressourcen die Genussfähigkeit. Warum? Weil sie Voraussetzung und Bestandteil aller anderen ist. Die Kunst, sich an dem, was ist, zu erfreuen, benötigen wir, um Ziele zu definieren und den Weg dahin zu genießen. Aus der Genuss- statt der Pflichtperspektive bekommt auch das Thema Sinn eine andere Kraft. Wir können dann sogar Krisensituationen und unsere Fähigkeit, damit umzugehen, genießen.

Jede Erfahrung hat zunächst eine Skala von angenehm bis unangenehm. Wo man sich auf dieser Skala befindet, wird durch die persönlichen Präferenzen und Ausprägungen bestimmt. Am ehesten können wir das Körperlich-Sinnliche genießen, wie zum Beispiel beim Essen oder bei einer Massage.

Für Genussfähigkeit brauchen wir wie bei der Ressource Sinn Zeit, Raum und Muße. Der Begriff der Achtsamkeit beschreibt schön, was gemeint ist. Selbst im angespanntesten Alltag können Rituale und Genussregeln uns ans Genießen erinnern, das Erleben intensivieren und die Häufigkeit des Genusses erhöhen. Durch Sensibilisierung für positive Sinnesreize, Fantasietraining und die Ausbreitung auf andere Genussebenen, wie zum Beispiel Musik, erweitert sich unser Genuss. Wir richten unseren Fokus nicht mehr auf die Schwierigkeiten, unsere Ziele zu erreichen oder die Details von Krisensituationen, sondern wechseln unsere Perspektive.

Vor dem Hintergrund der neuen Wertefragen in unserer Gesellschaft sind wir somit auf dem besten Wege, nicht mehr so sehr nach dem »Mehr« in Bezug auf Erleben und Erhalten zu jagen, sondern die aktuellen Erfahrungen zu vertiefen. Durch diese neue Haltung werden wir uns anders verhalten und dies wird uns unabhängig von den Veränderungen im Außen machen.

Fassen wir kurz zusammen, worum es bei den Top Sieben der psychischen Ressourcen geht:

Freude und Wertschätzung für das, was wir sind und haben, sowie die Verbundenheit mit anderen und einem größeren Ganzen stärken uns für die Probleme und Krisen des Alltags. Wir meistern sie besser und beziehen daraus den Glauben an uns selbst. Wir gewinnen Mut und Motivation, unser Leben selbstbestimmt zu leben, eine positive Zukunft zu erwarten und aktiv einen Beitrag dafür zu leisten.

6. Das bewusste Leben und Arbeiten mit Ihren psychischen Ressourcen

Mit Ihren psychischen Ressourcen zu leben und zu arbeiten heißt, sie zu kennen, zu nutzen, zu pflegen und zu erweitern. Damit Sie dies auch wirklich tun und sozusagen Ihre gesamte Denkkultur ändern, müssen Sie als Erstes eine Grundsatzentscheidung treffen. Das ist manchmal leichter gesagt als getan. Sie wird Ihnen jedoch in den vielen kleinen Alltagsentscheidungen nützlich sein. Weil Sie dann jeden Tag Ihres Lebens auf Ihr neues Denken abstimmen. Weil Sie sich ein neues Verhalten angewöhnen und Gewohnheiten etablieren, die zu Ihrem Ziel passen. Wir werden uns in diesem Kapitel ganz genau ansehen, wie es am leichtesten für Sie wird, diese Entscheidung zu treffen, und was Ihre besten Ressourcen sind. Schließlich soll es so unkompliziert und angenehm wie möglich werden.

Treffen Sie eine Entscheidung

Es reicht nicht, wenn Sie etwas »versuchen« wollen oder sich nicht sicher sind, ob sie schon bereit sind für einen neuen Lebens- und Arbeitsstil. Mein Vorschlag an Sie ist:

Entscheiden Sie sich jetzt dafür, ab sofort selbst für Ihr Wohlbefinden zu sorgen und dies durch den Einsatz Ihrer psychischen Ressourcen zu tun.

Sie meinen, dass Sie momentan einfach keinen Grund für Wohlbefinden haben? Studien zeigen, dass Wohlbefinden gar nicht so sehr von der Disposition dazu abhängt. Wahrscheinlich kann man es noch weniger durch bestimmte Lebensereignisse erklären. Egal, ob nach positiven Ereignissen, wie einer Beförderung, oder negativen, wie einem Unfall, kehrt man wieder zum Ausgangsniveau des Befindens zurück. Die täglichen Entscheidungen spielen die größte Rolle. Mit Ihrer Entscheidung für Wohlbefinden und den bewussten Einsatz Ihrer psychischen Ressourcen investieren Sie in sich – und alle haben etwas davon. Wenn es Ihnen gut geht, strahlen Sie das aus, haben genug Energie und stecken andere damit an. Sie sind leistungsfähig und verhalten sich anders.

Hajo Adam und Kollegen haben den Einfluss von Kleidung auf unser Verhalten untersucht und bestätigt, dass wir zu dem werden, was wir anhaben. Kleidung hat eine symbolische Bedeutung für das Sein. In der Untersuchung trugen die Teilnehmer entweder einen Arzt- oder einen Malerkittel. Gleiche Farbe, andere Bedeutung. Der weiße Arztkittel steigerte Konzentration und Aufmerksamkeit und veränderte die Art und Weise, wie Informationen verarbeitet wurden. So wird es auch Ihnen gehen, wenn Sie mit einem neuen Bewusstsein für sich durchs Leben gehen. Natürlich können Sie dem gern auch durch Ihr Äußeres Ausdruck verleihen! Denn: kommt zu einer positiv erlebten Aufgabe ein positiver Körperausdruck (zum Beispiel Lächeln), wird die Aufgabe als noch positiver empfunden. Kommt zu einer negativ erlebten Aufgabe ein negativer Körperausdruck (zum Beispiel Stirnrunzeln), wird sie als noch negativer empfunden. Durch eine positive Körperhaltung kann eine unangenehme Aufgabe angenehmer werden. Gleiches trifft auf die Erinnerung zu. Lächelnd wird mehr Positives erinnert, bei Stirnrunzeln mehr ärgerliche oder negative Inhalte. Eine aufrechte Körperhaltung wirkt sich positiv auf die Bewertung einer Situation aus, eine gekrümmte negativ.

Mit einer neuen Lebensperspektive auf Ihre positiven Ressourcen wird es Ihnen noch leichter fallen, sich auch entsprechend zu verhalten, Körperhaltung und Selbstbild passen sich an. Sind das genug Gründe für eine bewusste Entscheidung?

Ich, _____, entscheide mich heute dafür, ab sofort gut für mich zu sorgen, meine psychischen Ressourcen bewusst einzusetzen und als unendliche, unzerstörbare Kraftquelle zu nutzen.

Datum   Ort

Erkennen Sie Ihre psychischen Ressourcen

Jetzt wird es konkret und wir beginnen mit einer Reise in Ihre Vergangenheit. Wir wissen, dass das Bild Ihrer Vergangenheit Ihr Befinden und Ihre Erwartungen in Gegenwart und Zukunft beeinflusst.

Je nachdem, wie viel Zeit Sie sich nehmen wollen, können Sie die Fragen hier oder auf einem Extrablatt beantworten. Unser Ziel ist es, dass Sie aus Ihrer Vergangenheit Kraft schöpfen können. Denn auch hier tendiert unser Gehirn sehr zur Verzerrung und Selektion, und allzu häufig sind wir zu kritisch mit uns.

Der positive Blick auf die Vergangenheit

Was ist Ihnen in dieser Woche gelungen? Denken Sie auch an scheinbare Kleinigkeiten – zum Beispiel sind Sie immer pünktlich zur Arbeit gekommen oder haben es geschafft, regelmäßig Wasser zu trinken.

_____

_____

_____

Was ist Ihnen in diesem Monat gelungen? Denken Sie auch hier an die Dinge, die für Sie schon selbstverständlich sind, wie ein gutes Kundengespräch oder die Erledigung der Autowäsche.

_____

_____

Was sind Dinge, die Ihnen in Ihrem Leben und bei Ihrer Arbeit gelungen sind? Größer oder kleiner spielt keine Rolle. Für Sie sollte es eine Bedeutung haben (zum Beispiel den Führerschein geschafft oder eine Reise allein angetreten zu haben).

_____

_____

Welche Dinge sind Ihnen in Ihrem Leben gelungen, von denen Sie dachten, Sie würden es nicht schaffen? Das können Prüfungen sein oder auch eine mutige Partnersuche.

_____

_____

Wenn Ihnen im Leben etwas nicht gelungen ist: Was haben Sie daraus gelernt?

_____

_____

Bei den Fragen werden Sie eventuell merken, dass Sie eine Weile nach den Antworten suchen müssen. Es ist ungewohnt, über Gelungenes, Erfolge und Stärken nachzudenken. Je öfter Sie dies tun, umso leichter wird es, und sie lenken Ihre Aufmerksamkeit in eine neue Richtung. Als positive Konsequenz werden Sie sich anders fühlen, anders auftreten und auch Ihre Mitmenschen anders sehen.

Sie sind besser, als Sie glauben: Wo stehen Sie heute?

Wie oft nehmen Sie sich Zeit, um bewusst über sich selbst nachzudenken? Zu selten? Dann wird es nun Zeit für eine Selbstreflektion. Beginnen wir mit dem, was Sie denken.

MENTALES
Das, was Sie denken, formt nicht nur das Gehirn und damit künftige Informationsverarbeitung, sondern ist die Grundlage für Ihre Entscheidungen und für Ihr Verhalten. Wenn wir unseren Gedanken freien Lauf lassen, dann galoppieren

sie häufig zu Zweifeln oder negativen Erwartungen. Wir sprechen auch von Glaubenssätzen. Wenn wir einen Gedanken nur oft genug denken, dann glauben wir irgendwann, dass er eine Tatsache ist. Dabei ist es nur ein Gedanke, eine durch unser Gehirn gefilterte Wahrnehmung der Realität.

Wir hatten schon festgestellt, dass es besser ist, anders zu denken, also gute Alternativen zu haben, als negative Gedanken einfach zu unterdrücken. Sie haben sowieso eine ganze Menge Potential in Ihrem Denken und nehmen es nur manchmal nicht wahr, weil sich das Gute mental so schlecht durchsetzt. Deshalb biete ich Ihnen hier eine Liste mit guten Gedanken für die Arbeit. Wie viele davon könnten so oder ähnlich von Ihnen sein? Was ist Ihr Lieblingsgedanke? Kreuzen Sie Ihre Favoriten an.

☐ Es gibt immer einen Weg.

☐ Krisen kommen, Krisen gehen.

☐ Meine Mitarbeiter/Kollegen sind sehr engagiert.

☐ Meine Mitarbeiter/Kollegen sind gut motiviert.

☐ Ich bin gern mit meinen Kunden zusammen.

☐ Mein Team leistet etwas.

☐ Ich gehe zur Arbeit, weil Sie mir Freude bringt.

☐ Wir haben ein tolles Betriebsklima.

☐ Ich sorge dafür, dass häufig gelacht wird.

☐ Ich bereite täglich kleine Freuden.

☐ Es ist alles eine Frage der Perspektive.

☐ Wir sind ein tolles Team.

☐ Das Leben verwöhnt mich.

☐ Das Leben ist so wunderschön, und es kommt noch viel besser.

☐ Ich bin froh, dass ich meine Arbeit habe.

☐ Mein Team hat Spaß bei der Arbeit.

☐ Gemeinsam sind wir stark.

☐ Ich fühle mich wohl in meiner Haut.

☐ Ich erwarte immer eine gute Nachricht.

☐ Ich denke konstruktiv.

☐ Ich achte auf die vielen positiven Momente in meinem Leben.

☐ Ich genieße, was ich bin und habe.

☐ Ich nehme Menschen, wie sie sind.

☐ Ich erwarte das Beste. Immer und überall.

☐ Ich bin der Beste, der ich sein kann.

☐ Ich befasse mich mit Problemen, wenn sie da sind.

☐ Ich ärgere mich maximal drei Minuten.

☐ Ich habe viele Gründe, zu lächeln.

☐ Alles geht gut.

☐ Ich mache das Beste aus dem, was ist.

☐ Ich spreche gut über mich und andere.

Das ist natürlich nur eine Miniauswahl. Hier ist Platz für Ihre guten Gedanken:

_____

_____

_____

RESSOURCENPASS

Mein Lieblingsgedanke:

_____

Verbunden mit den Gedanken sind die Gefühle. Bedenken Sie immer, ohne negative Gedanken fühlen Sie sich nicht schlecht! Schon allein wenn Sie beschreiben wollen, wie Sie sich fühlen, werden Sie feststellen, dass Ihnen zum Teil die Worte fehlen. Wir haben mehr Worte für negative Gefühle als für positive.

EMOTIONALES

Barbara Fredrickson hat sich mit der Frage beschäftigt, in welchem Verhältnis positive zu negativen Momenten stehen müssen, damit Menschen langfristig gesund und Teams erfolgreich sind. Dadurch, dass negative Gefühle bei weitem stärker wirken als positive, braucht es ein 3 zu 1 von Positivem zu Negativem. Auf einmal Ärgern darf sozusagen dreimal Freuen kommen. Dies klingt anstrengender, als es ist, denn unser Leben ist voll von schönen Dingen. Wir sehen und schätzen sie nur nicht. Halten Sie also öfter mal die Tür auf, sagen Sie »Danke«, wann immer es geht, und denken Sie dabei auch an sich. Beginnen Sie Meetings mit positiven Informationen, schreiben Sie Ermutigendes in Ihren Mailabsender. Zitieren Sie nette Kundenstimmen im Team. Ermutigen Sie Mitarbeiter, nach positivem Feedback zu fragen. Lächeln und lachen Sie mehr. Bemerken Sie kleinste positive Veränderungen und Ansätze und sagen Sie es.

Testen Sie gleich einmal, in welchem Verhältnis sich Ihre Emotionen befinden. Wie haben Sie sich heute schon gefühlt? Kreuzen Sie an, was zutrifft, und zählen Sie anschließend.

☐ zuversichtlich ☐ aufmerksam ☐ vertrauensvoll ☐ freudig ☐ stolz ☐ vergnügt ☐ entschlossen ☐ optimistisch ☐ inspiriert ☐ interessiert ☐ ausgelassen ☐ anerkannt ☐ heiter ☐ zufrieden ☐ erfüllt ☐ klar ☐ neugierig ☐ motiviert ☐ mutig ☐ unternehmungslustig ☐ unbekümmert ☐ entspannt ☐ staunend ☐ fröhlich

☐ glücklich ☐ wohl ☐ liebevoll ☐ dankbar
☐ unterstützt

Summe positive Gefühle:

☐ schuldig ☐ ärgerlich ☐ misstrauisch ☐ reuevoll
☐ neidisch ☐ hässlich ☐ geringschätzend ☐ verachtet
☐ eklig ☐ traurig ☐ beschämt ☐ widerwillig ☐ gedemütigt
☐ blamiert ☐ verhöhnt ☐ wütend ☐ befangen ☐ bedrückt
☐ verlegen ☐ unzufrieden ☐ ängstlich ☐ besorgt
☐ gestresst ☐ erschöpft ☐ unmutig ☐ zornig ☐ nervös
☐ verärgert ☐ überfordert

Summe negative Gefühle:
Verhältnis Summe positiv : Summe negativ =

Es ist empfehlenswert, diesen Fragebogen öfter anzuwenden, um den Blick für positive Emotionen zu schärfen. Die Summe der positiven Gefühle ist im besten Falle etwa dreimal so groß wie die Summe der negativen. Sie können sich außerdem fragen, welches Ihr liebstes gutes Gefühl ist. Dann kann es auch ein Ziel sein, dieses öfter zu erleben.

RESSOURCENPASS

Mein Lieblingsgefühl:

_____

Ihre ganz persönlichen psychischen Ressourcen

Nach den guten Gedanken und guten Gefühlen kommen wir nun zu den psychischen Ressourcen selbst. Sie können mit den folgenden Fragen sowohl herausfinden, wie sich diese speziell bei Ihnen ausdrücken, als auch, was Ihre persönlichen Favoriten sind. Zählen Sie dafür einfach pro Ressource, wie oft eine Aussage – ungefähr – auf Sie zutrifft.

Hoffnung

☐ Ich habe einen starken Willen.

☐ Ich weiß, dass ich meine Ziele erreichen kann.

☐ Ich nehme mein eigenes Schicksal in die Hand.

☐ Ich setze mir selbst Ziele.

☐ Ich mag Herausforderungen.

☐ Ich konzentriere mich auf positive Ziele.

☐ Ich halte durch, wenn ich etwas erreichen will.

☐ Wenn ein Weg nicht zum Ziel führt, gehe ich einen anderen.

☐ Ich überlege mir, auf welchem Weg ich meine Ziele am besten erreiche.

☐ Ich habe eine positive Lebenseinstellung.

☐ Ich gehe für ein großes Ziel mehrere kleine Schritte.

☐ Ich ergreife gern die Initiative.

Summe:

Optimismus

- [ ] Ich erwarte eine gute Zukunft.
- [ ] Es warten angenehme Ereignisse auf mich.
- [ ] Bei Enttäuschungen suche ich die Schuld nicht nur bei mir.
- [ ] Ich habe viel Gutes erlebt und das wird auch so bleiben.
- [ ] Ich kann auf vieles Einfluss nehmen und tue dies auch.
- [ ] Ich passe mein Verhalten den Erfordernissen der Situation an.
- [ ] Ich suche nach Unterstützung, wenn ich sie brauche.
- [ ] Ich bin ein freundlicher Mensch.
- [ ] Ich gehe offen auf andere Menschen zu.
- [ ] Ich bin kompetent.
- [ ] Ich habe immer Glück.
- [ ] Ich stecke andere gern mit meinem Optimismus an.

Summe:

Resilienz

- [ ] Ich überstehe widrige Situationen.
- [ ] Wenn es einmal nicht klappt, klappt es beim nächsten Mal.
- [ ] Ich reagiere überlegt.
- [ ] Ich bin schon gestärkt aus Problemsituationen hervorgegangen.
- [ ] Ich erhole mich nach Rückschlägen oder Enttäuschungen immer wieder.
- [ ] Ich probiere gern Unbekanntes (wie neues Essen) aus.
- [ ] Ich lerne immer wieder etwas Neues.
- [ ] Ich kann mich, wenn nötig, abgrenzen.
- [ ] Ich stehe auch mal etwas alleine durch.
- [ ] Mein Humor geht mir nie verloren.

☐ Ich bin diszipliniert.

☐ Ich bin meist gelassen.

Summe:

Selbstwirksamkeit

☐ Ich glaube grundsätzlich an mich.

☐ Ich weiß, was ich tun kann, um meine Ziele zu erreichen.

☐ Ich habe verschiedene Fähigkeiten, um meine Ziele zu erreichen.

☐ Ich traue mir Dinge zu, bei denen ich noch wenig Erfahrung habe.

☐ Ich übernehme immer mal neue Aufgaben.

☐ Ich denke, dass andere mir zutrauen, meine Aufgaben zu meistern.

☐ Ich motiviere mich meist selbst.

☐ Ich habe ein gutes Durchhaltevermögen.

☐ Ich denke lösungsorientiert.

☐ Ich nehme die Dinge, wie sie sind, und mache das Beste daraus.

☐ Ich plane meine Zukunft.

☐ Ich weiß, was ich kann.

Summe:

Sinn

☐ Ich tue gern etwas für mein Team, meine Familie, eine Gemeinschaft.

☐ Ich suche gern nach dem tieferen Sinn.

☐ Ich weiß, wofür ich meine Arbeit mache.

☐ Ich sehe meinen Beitrag als Teil eines großen Ganzen.

☐ Ich bin wichtig, weil das Ganze mehr als die Summe der einzelnen Teile ist.

☐ Ich frage mich manchmal, wofür ich auf der Welt bin.

☐ Ich habe Freude an Dingen, die anderen nutzen.

☐ Ich möchte, dass etwas von mir bleibt.

☐ Ich denke über Umwelt- oder Nachhaltigkeitsfragen nach.

☐ Ich philosophiere gern mal über das Leben.

☐ Ich nehme mir Zeit, um über Grundsätzliches nachzudenken.

☐ Wenn man an einem Strang zieht, hat man weniger Stress.

Summe:

Genussfähigkeit

☐ Ich freue mich an gutem Essen, guter Musik oder einem guten Gespräch.

☐ Ich genieße es, in der Natur zu sein.

☐ Auszeiten für Genuss sind mir wichtig.

☐ Ich tue, was ich tue, bewusst.

☐ Ich konzentriere mich auf das, was ich tue.

☐ Ich tue eines nach dem anderen.

☐ Ich gestalte meine Umgebung so, dass ich mich wohlfühle.

☐ Ich achte auf schöne Details.

☐ Ich schmücke und verpacke gern.

☐ Ich mag kleine Extras wie Musik, Kerzen oder schöne Kleidung.

☐ Ich wähle bewusst aus, in welcher Kleidung ich mich wohlfühle.

☐ Ich bringe zum Ausdruck, wenn mir etwas gefällt.

Summe:

Dankbarkeit

☐ Ich sehe, was ich für ein gutes Leben habe.

☐ Ich schätze, was ich alles erreicht habe.

☐ Ich bin mir der guten Umstände meines Lebens bewusst.

☐ Ich zeige meine Anerkennung für andere Menschen gern.

☐ Ich bin mir des Wertes des Lebens bewusst.

☐ Ich schätze meine Gesundheit.

☐ Ich bin ein dankbarer Mensch.

☐ Ich danke regelmäßig anderen Menschen.

☐ Ich mag das warme Gefühl der Dankbarkeit.

☐ Wenn es Probleme bei der Arbeit gibt, schätze ich mein Privatleben umso mehr.

☐ Ich bin so froh, dass mein Leben/meine Arbeit/meine Familie so ist, wie es/sie ist.

☐ Ich habe ein Ritual, mit dem ich mich daran erinnere, wie gut es mir geht.

Summe:

RESSOURCENPASS

Meine drei Gewinnerressourcen:

_____

_____

_____

War das nicht eine tolle Übung? Ich freue mich immer, wenn Menschen entdecken, wie viele wunderbare Ressourcen sie haben. Falls Sie sich beim Ausfüllen immer mal gefragt haben, ob das denn auch stimmt, was Sie denken oder ob Sie die Aussage auch »genug« erfüllen: kein Problem. Es zählt hier ausschließlich Ihre Sicht. Um mit Ihren psychischen Ressourcen bewusster zu leben, müssen Sie erst einmal wissen, welche es sind und welche davon Sie besonders ausmachen. Dann können Sie künftig gezielt darauf achten und nicht nur automatisch oder unbewusst Ihre Trumpfkarten spielen. Wir kommen folglich nun zur praktischen Umsetzung.

Nutzen Sie Ihre psychischen Ressourcen

Der wichtigste Aspekt der Nutzung ist, dass Sie mit Ihren drei herausragenden psychischen Ressourcen bewusst arbeiten. In der Forschung zum Stärkenkonzept wird meist mit vier bis fünf gearbeitet. Mein Anliegen ist es aber, dass Sie überhaupt anfangen. Das könnte mit drei leichter gehen, nach oben gibt es keine Grenzen.

Fragen Sie sich zum Beispiel, unter welchen Bedingungen Ihre Ressourcen und positiven Gefühle am einfachsten auftreten, und sorgen Sie öfter genau dafür. Es könnte sein, dass Ihr Lieblingsgedanke ist, dass es immer einen Weg gibt, Ihr Lieblingsgefühl, entspannt zu sein, und Ihre besten Ressourcen Optimismus, Hoffnung und Resilienz. Bislang setzten Sie diese am einfachsten in Ihrem Sportclub ein. Was macht es dort leicht? Sie fühlen sich wertgeschätzt und die Sportfreunde mögen Sie. Es verbindet Sie ein gemeinsames Interesse. Wenn Sie im Sportoutfit sind, fühlen Sie sich authentisch. Deshalb sind Sie immer derjenige, der Mut macht, andere mitzieht und einen Weg findet. Der Schlüssel könnte sein, dass Sie in dieser Umgebung Sie selbst sind. Schaffen Sie diese Bedingung also öfter. Seien Sie Sie selbst, zum Beispiel durch Ihre Kleidung oder auch den Vorsatz, sich zu zeigen. Dann leben Sie Ihre Potentiale öfter und das kommt wiederum auf Sie zurück. Dass Ihre Sportfreunde Sie mögen und schätzen, hat ja auch damit zu tun, dass Sie dort zeigen, wie und wer Sie sind.

Eine zweite Möglichkeit ist, Ressourcen, Gefühle oder Gedanken, die Sie gern hätten, öfter zu nutzen, um damit vertrauter zu werden. Alle Ressourcen, über die wir hier sprechen, sind in jedem von uns angelegt. Durch die Häufigkeit der Nutzung und die Bedeutung, die sie für uns haben, werden Gehirnstrukturen geformt, die es später leichter oder schwerer machen, damit zu arbeiten. Nutzt man sie überhaupt nicht und ignoriert sie konsequent, laufen sie Gefahr, ganz in Vergessenheit zu geraten. Wenn Sie nichts in Ihrem Leben genießen, weil Sie so erzogen wurden, heißt das nicht, dass Sie es nicht können, sondern nur, dass Sie es verlernt haben. Und wir wissen ja: Wir können unabhängig vom Alter immer wieder neu lernen.

Bitten Sie um Hilfe, suchen Sie Gleichgesinnte. Vielleicht haben Sie Kollegen, die mit Ihnen gemeinsam einen guten Gedanken der Woche kreieren wollen? Dann können Sie sich über Ihre Erfahrungen austauschen. Jemand, der Ihnen wohlgesonnen ist, könnte Sie an Ihre guten Vorhaben erinnern und sich mit einem verabredeten Zeichen melden, wenn Sie in alte Muster fallen. Sei es beim Essen zu schlingen, statt zu genießen oder in Teambesprechungen über die Kunden zu klagen, statt sich am vorhandenen Umsatz zu erfreuen.

Praktische Ideen zur Nutzung Ihrer Ressourcen

- Schreiben Sie ein Tagebuch, in dem Sie abends notieren, was Ihnen gelungen ist. Untersuchungen zeigen, dass diese Art der Aufzeichnungen sehr wirkungsvoll für Dankbarkeit und Humor ist.

- Wählen Sie eine Lieblingsressource zum Wochenmotto. Tragen Sie sie in Ihren Kalender ein, sodass Sie sie früh gleich sehen und daran erinnert werden. Schon achten Sie mehr darauf.
- Suchen Sie sich Symbole für Ihre drei besten psychischen Ressourcen. Am besten Bilder, die Ihr Herz höher schlagen lassen. Positionieren Sie sie so, dass Sie sie immer sehen. Am Spiegel, wo Sie Zähne putzen, am Computer, im Auto. Das Schöne an Bildern ist, dass Sie in unserem Unterbewusstsein ankommen und uns dort besonders stärken und dass nur Sie sie verstehen.
- Belohnen Sie sich, wenn Sie Ihre Ressourcen öfter nutzen. Das kann ein Geldstück in eine Sparbüchse sein oder am Ende einer Woche ein konkretes kleines Geschenk. Alles, was positiv verstärkt wird, wiederholen wir öfter.

Affirmationen, also die Arbeit mit positiven und stärkenden Sätzen, sind eine weitere, inzwischen gut untersuchte Möglichkeit, sich an seine Ressourcen zu erinnern oder sie in neuen Situationen zu nutzen. In der Forschung konnte gezeigt werden, dass Affirmationen gegen Stress schützen, indem sie das individuelle Problemlösungsverhalten verbessern. Menschen, die unter chronischem Stress leiden, lösen in Tests normalerweise bis zu 50 Prozent weniger Probleme. Sobald sie sich mit Affirmationen stärkten, erbrachten sie unter Druck die gleiche Leistung wie Nichtgestresste.

! Affirmationen sind eine Art psychologisches Immunsystem.

Durch eine Bedeutungsänderung werden Situationen weniger bedrohlich wahrgenommen. Allerdings wirken Affirmationen nicht für alle gleich gut und können Personen mit geringem Selbstwert sogar schaden. Wenn positive Sätze formuliert werden, die mit dem Selbstbild überhaupt nicht zusammenpassen, wird das Wohlbefinden dadurch eher noch beeinträchtigt. Wenn wir versuchen, negative Gedanken zu verdrängen, werden sie eher noch intensiver.

Über die Lösung sprachen wir schon einmal. Sie kommt aus den neueren psychologischen Richtungen, lehnt sich an die Meditationsforschung an und lautet: Achtsam sein für das, was ist, also auch negative Gedanken akzeptieren. Gleichzeitig wird der Wahrnehmungsfokus auf unser erwünschtes Verhalten und das, was uns wichtig ist, verschoben. Verhalten wir uns in Übereinstimmung mit unseren Werten und Ressourcen, fühlen wir uns auch so. Das macht es wieder einfacher, sich passend zu verhalten – ein positiver Kreislauf.

Bestimmt haben Sie noch ganz andere Ideen, wie Sie Ihre psychischen Ressourcen nutzen können. Wichtig ist, dass Sie etwas tun und es sich nicht nur wünschen!

Pflegen Sie Ihre psychischen Ressourcen

Im Mittelpunkt steht unser persönliches Wohlbefinden bei der Arbeit. Es ist Ergebnis des Einsatzes aller psychischen Ressourcen und Voraussetzung für ihren unkomplizierten Einsatz. Wir haben schon festgehalten, dass psychische Ressourcen nicht verloren gehen, zerstört oder verbraucht werden können. Wenn sie nicht genutzt werden, geraten sie in

Vergessenheit. Wenn wir uns nicht gut fühlen, fällt es uns schwer, sie einzusetzen.

Folglich ist jede Investition in Ihr körperliches und geistiges Wohlbefinden eine Investition in die Blüte Ihrer psychischen Ressourcen. Manchmal scheint es so, als ob das Leben voller Hindernisse sei. Doch nicht nur dann ist es wichtig, dass wir pflegen, was wir haben. Leider ist unsere Bereitschaft zur Selbstfürsorge oft an Bedingungen geknüpft. Zum Beispiel wollen wir uns ausruhen, wenn wir Zeit haben, oder den Meditationskurs machen, wenn das Geschäft ruhiger läuft.

Das Hauptargument, sich selbst hintanzustellen, ist immer der Zeitmangel. Hier kann es helfen, uns deutlich zu machen, womit wir überhaupt unsere Zeit verbringen. Ich möchte Ihnen mit einer Liste, die Benny Andersen zusammengestellt hat, zeigen, womit wir statistisch gesehen bei 80 Lebensjahren mit 44 Jahren Arbeitszeit unsere Zeit verbringen. Sicher finden Sie in dieser Aufstellung Zeitreserven für Ihre Selbstfürsorge!

- 8 Jahre und 5 Monate mit Arbeiten
- 8 Wochen mit Kaffeepausen
- 9 Monate mit dem Arbeitsweg
- 6 Monate im Straßenverkehr
- 3 Monate mit Meetings
- 3 Monate in Restaurants
- 12 Monate mit Kultur
- 6 Monate auf der Toilette
- 1 Jahr und 3 Monate im Badezimmer
- 23 Jahre schlafend
- 5 Jahre essend
- 7 Jahre und 5 Monate mit Fernsehen
- 2 Jahre und 10 Monate mit Smalltalk

- 2 Jahre und 9 Monate mit Putzen
- 1 Jahr und 2 Monate mit Einkaufen
- 1 Jahr und 2 Monate mit Sport
- 2 Wochen mit Küssen

Der Neuropsychologe David Lewis hat Möglichkeiten zum Stressabbau untersucht: Sechs Minuten lesen senken das Stresslevel um sensationelle und unschlagbare 68 Prozent, weil sich das Gehirn auf etwas anderes als die Alltagssorgen fokussiert. Es folgen Musik hören mit 61 Prozent, Tee trinken mit 54 Prozent und Spazierengehen mit 42 Prozent.

In diesem Abschnitt möchte ich bei der Pflege Ihrer Ressourcen vor allem auf den Teil eingehen, der direkt auf Mentales und Emotionales wirkt. Im Kapitel sieben werden wir dann die Körper-Geist-Seele-Einheit betrachten und was wir dafür tun können.

Wenn wir über unseren Geist und unser Gehirn sprechen, kommt hier gleich als Erstes eine Warnung zum Thema Social Media. Sie sind Gift für unser Arbeitsgedächtnis. Wir haben heute kaum noch Zeiten, in denen wir nichts tun. Selbst beim Warten auf den Bus oder in der Theaterpause (wenn wir es bis dahin aushalten) sind wir online, checken Nachrichten und Kontakte. Die Folge ist, dass unser Gehirn keine Leerlaufphasen mehr hat, in denen Informationen verarbeitet, gefestigt und ins Langzeitgedächtnis übertragen werden.

In unserem Arbeitsgedächtnis können wir uns etwa drei bis vier Informationen merken. Wenn wir versuchen, mehr zu erfassen, dient das nicht etwa dem Training des Gehirns, sondern überlastet es und führt zum Datenverlust.

Folglich ist es besser, auf kleine Erholungsphasen zu achten. Dabei haben Forscher festgestellt, dass kurze und häufigere Pausen sich günstiger auf die Produktivität auswirken. Die Augen werden weniger belastet und es treten weniger Fehler auf. Machen Sie stündlich 5 bis 10 Minuten Pause, zusätzlich zu Ihren längeren Pausen. Noch kürzere Intervalle werden allerdings eher als Arbeitsunterbrechung erlebt.

Lulu Xie, Maiken Nedergaard und andere haben die wichtige Rolle von Schlaf untersucht, vor allem für die Reinigung des Gehirns. Im Schlaf verändert sich die zelluläre Struktur des Gehirns, die Flüssigkeit zirkuliert schneller und es kommt zu Verarbeitungs- und Ordnungsprozessen. Schlaf ist nicht nur wichtig für Wohlbefinden und Gesundheit. Mangelnder Schlaf stört auch das Lernen und Entscheiden. Wohl jeder kennt das ungute Gefühl nach einer unruhigen Nacht. Wir sind nicht nur weniger leistungsfähig, sondern auch dünnhäutiger und können unsere Ressourcen schlechter nutzen.

Denken Sie ressourcenstärkend

Dr. Richard Davidson, Psychologe an der Universität Wisconsin, hat gezeigt, dass enthusiastische, positive Menschen aufgrund der Aktivitäten im linken präfrontalen Kortex neugierig und energievoll sind und sich an den kleinen Dingen des Alltags freuen. Ist der rechte präfrontale Kortex aktiv, sind wir nervös, gestresst, ängstlich. Nun fragen Sie sich sicher, wie man die linke Seite des Gehirns anschalten kann. Je häufiger Sie gute Gedanken haben, angenehme Dinge tun, sich entspannen oder meditieren, umso mehr trainieren Sie die linke Seite. Wenn Sie sich allerdings immer wieder aufregen und dann in der negativen Stimmung verharren, wird sich auch das im Gehirn abbilden. Inzwischen kennen Sie eventuell auch die Metapher dafür: Der rechte vordere Gehirnlappen ist der »Jammerlappen«.

Positives, ressourcenorientiertes Denken stärkt gleichzeitig das Immunsystem. Einer Untersuchung an Studenten zufolge erkranken Optimisten auch in stressigen Prüfungsphasen weniger leicht an Erkältungen. Stress belastet das Immunsystem und dadurch sind Gestresste anfälliger für Krankheiten. Sind wir krank, wird es wiederum schwerer, gut drauf zu sein. Außerdem sehen Menschen, die nicht positiv oder optimistisch denken, Prüfungsphasen eher als Belastung denn als Herausforderung. So strengen sie sich besonders an und belasten das Immunsystem weiter.

An sich selbst denken – schön und gut. Aber kann es nicht auch einmal zu viel werden mit der Selbstfürsorge? Fragen Sie sich, ob Sie nicht irgendwann abheben oder ein Egoist werden?

Erstens:
Wir sind in unserem Alltag so weit weg davon, wirklich gut zu uns zu sein und unsere Potentiale zu nutzen, dass ich keine Sorge mit meinen Empfehlungen habe. Der Weg bis zur Übertreibung ist weit.

Zweitens:
Gut für sich sorgen heißt ja keinesfalls, schlecht für andere zu sorgen. Wir schaffen vielmehr die Grundlage dafür, dass wir es überhaupt können und wollen. Denn der, dem es gut geht, kümmert sich automatisch gern um andere.

Drittens:

Ein bisschen narzisstisch, also selbstverliebt zu sein, führt zu einem besseren Umgang mit Stress. Das hat Roy Baumeister getestet und festgestellt, dass narzisstische Studenten mit Arbeitsdruck und Stressbelastung besser klarkommen, weil sie aufgrund ihrer etwas übertriebenen positiven Haltung zu sich Arbeitsanforderungen als Herausforderungen sehen und zeigen, was sie können. Sie glauben so sehr an sich, dass sie weniger Angst haben, Fehler zu machen. Diese Haltung zu sich ist ein Schutzfaktor vor Stressbelastungen.

Das rechte Maß an gesundem Egoismus ist besonders im Bezug zu anderen wichtig und führt uns zu einem Sonderthema, das für die Pflege unserer psychischen Ressourcen besonders wichtig ist: Freundschaft.

Jana Hauschild hat die wichtigsten Fakten zusammengetragen. Freunde zu haben macht nicht nur Spaß, sondern schützt durch die soziale Unterstützung gegen Stress. Und dies wiederum stärkt die Gesundheit. Dies ist inzwischen nicht mehr nur ein Gefühl, sondern wissenschaftlich nachgewiesen. Die besten Effekte gibt es, wenn wir Freunde persönlich treffen, egal was wir zusammen unternehmen. Freundschaften stärken uns, wenn wir krank sind. Nach traumatischen Erlebnissen hängt die Wahrscheinlichkeit, psychisch krank zu werden, weniger vom Schweregrad der Erfahrung ab als davon, wie gut man von seinem Umfeld aufgefangen wird. Auch die Bewältigung von Verlusten wird leichter, wenn wir mit Freunden darüber sprechen können.

Für unsere sozialen Beziehungen spielt das »Kuschelhormon« Oxytocin eine wichtige Rolle, weshalb es gerade umfassender erforscht wird. Es stärkt Vertrauen und Nähe und wird besonders dann aktiv, wenn wir stabile Bindungen aufbauen. Der Psychologe Markus Heinrichs hat an der Universität Zürich untersucht, dass das Hormon für Stressabbau und bessere soziale Kontakte sorgt. Oxytocin hilft uns dabei, Liebe zu empfinden und treu zu sein. Bislang gibt es noch keine gesicherten Erkenntnisse über die Verabreichung. So dürfen wir selbst üben und für seine Ausschüttung sorgen, indem wir uns auf andere einlassen und sinnvolle Beziehungen pflegen.

Erweitern Sie Ihre psychischen Ressourcen

Der Begründer des Konzeptes des psychologischen Kapitals Fred Luthans hat natürlich auch untersucht, wie man dessen Bestandteile am besten weiterentwickeln kann. Erinnern wir uns, es handelt sich um die Ressourcen Hoffnung, Optimismus, Selbstwirksamkeit und Resilienz. Sie werden als »state-ähnlich« angesehen. Das heißt, sie sind stabiler als Zustände wie Emotionen oder Stimmungen, aber nicht so gefestigt wie Persönlichkeitseigenschaften. Somit ist klar, dass wir Einfluss nehmen können.

Erinnern wir uns weiter, dass eine positive Haltung nicht nur guttut, sondern die Perspektive erweitert. Positive Zustände ermöglichen uns, zu wachsen. Menschen, denen es gut geht, sehen, nutzen und erweitern ihre psychischen Ressourcen und sind dadurch nicht nur kreativer, motivierter und energievoller, sondern auch hilfsbereiter und sozial engagierter. So entsteht ein sich selbst verstärkender positiver Kreislauf für uns und andere.

Fred Luthans betont, dass es keinesfalls ein glücklicher Zufall ist, wenn man psychische Ressourcen besitzt, sondern dass sie erlernbar sind. Wie das gehen kann, dazu finden Sie im Folgenden einen Überblick.

Die besten Interventionen

FÜR DEN OPTIMISMUS:

- Die Vorwegnahme von Hindernissen führt zu höheren positiven Erwartungen. Man ist besser vorbereitet. Es schafft Vertrauen, damit umgehen zu können, und fördert das Durchspielen verschiedener Strategien. Dies wiederum bestärkt die positiven Erwartungen der Zielerreichung. Der Austausch mit anderen, die Erfahrung, dass auch andere Ziele haben und an deren Erreichung glauben, sind wie Lernen am Modell. Dadurch wachsen die Erfolgsaussichten, diese verstärken den Optimismus.
- Weitere Möglichkeiten zur Verbesserung von Optimismus sind: aus Niederlagen lernen, Vergangenes großzügig sehen, mutige Erwartungen für die Zukunft schaffen.
- **Vorsicht** vor leichtsinnigem und unreflektiertem Verhalten, weil der Optimismus mit einem durchgeht. Deshalb eben der Begriff »realistischer Optimismus«.

FÜR DIE HOFFNUNG:

- Besonders wirkungsvoll ist die Erarbeitung verschiedener Wege zum Ziel. Dies stärkt das Kompetenzgefühl.
- Teilziele beschleunigen Erfolgserlebnisse. Sie verbessern das Vertrauen in die Zielerreichung.
- Gute Erfahrungen aus der Vergangenheit dienen als Modell. Eigene Lösungsvarianten, zum Beispiel aus der Auswertung fremder Ideen, können trainiert werden.
- **Vorsicht** vor unrealistischen Hoffnungen sowie Konflik-

ten zwischen verschiedenen eigenen Zielen oder mit Zielen anderer.

FÜR DIE SELBSTWIRKSAMKEIT:

- Die Selbstwirksamkeit wird verbessert, indem schrittweise Teilziele definiert werden. Setzt man sich mit diesen auseinander, wächst das Gefühl, etwas meistern zu können.
- Auch der Vergleich mit Gleichgesinnten, die an ihren Zielen schrittweise arbeiten, kann als gutes Beispiel dienen.
- Positive Emotionen, ausgelöst durch die eigene Erwartung der Zielerreichung, durch die Ermutigung aus einer Gruppe oder einen Coach, verstärken die persönlichen Erfolgsaussichten.
- Wie ein Katalysator wirkt ein Zeitplan für Teilziele.
- **Vorsicht** vor belanglosen Zielen oder solchen, die keine Herausforderung darstellen. Daraus resultierende Erfolgserlebnisse haben nicht den gleichen Wert für das Kompetenzgefühl wie bedeutungsvolle.

FÜR DIE RESILIENZ:

- Resilienz wird erhöht, indem wir über Talente, Fähigkeiten und Netzwerke nachdenken, die wir für die Zielerreichung nutzen könnten.
- Eine eigene Ideenliste kann im Austausch mit anderen um weitere Ideen ergänzt werden, die abschließend bewertet und geprüft werden.
- Erlebte Rückschläge können mit anderen Reaktionen darauf nachgespielt werden.
- Genauso ist es trainierbar, lösungsorientiert zu denken. Die Widerstandsfähigkeit wächst vor allem durch soziale Kompetenz und erlebte Bindungen.

- **Vorsicht:** Es ist nicht immer leicht, die »Opferrolle« zu verlassen und Verantwortung für sich zu übernehmen.

FÜR DIE DANKBARKEIT:

- Dankbarkeit hat vielleicht das beste Aufwand-Nutzen-Verhältnis, wenn wir uns mehr darum kümmern. Sie benötigt keinerlei Voraussetzungen, nur die Achtsamkeit für die guten Dinge des Lebens und deren uneingeschränkte Wertschätzung. Vor allem, wenn es in einem Lebensbereich nicht so gut läuft, ist es hilfreich, sich anderen Lebensbereichen mit Dankbarkeit zuzuwenden.

- In extremen Stresssituationen ist der Blick auf das Gute im Leben manchmal völlig verstellt. Dann hilft nur noch die bewusste Entscheidung, sich jeden Tag für eine Reflektion Zeit zu nehmen und zum Beispiel ein Dankbarkeitstagebuch zu schreiben. Es ist wissenschaftlich nachgewiesen, dass das tägliche abendlich Notieren von drei Dingen, für die Sie an diesem Tag dankbar sind, mit einem kurzen Kommentar, warum das so ist, über drei Monate messbar Ihr Wohlbefinden steigert. Wem dies zu viel ist, der kann auch ein wöchentliches Dankbarkeitstagebuch schreiben.

- Für eine gute Stimmung am Morgen können Sie schon im Bett darüber nachdenken, wofür Sie heute dankbar sind. Dieses gute Gefühl nehmen Sie dann mit in den Tag und werden andere Dinge wahrnehmen. Konflikte und Probleme relativieren sich, wenn Sie in einem Gefühl der Dankbarkeit sind. Dies ist auch ein schneller Trick für schwierige Momente.

- Wenn Sie sich gerade sehr über Ihren Partner, Chef oder Kunden aufregen, nehmen Sie sich einen Augenblick Zeit und schreiben Sie eine Liste. Wofür sind Sie – für Einsteiger – überhaupt im Leben dankbar, und – für Fortschrittene – in Bezug auf diese Person dankbar. Ich weiß, das hört sich fast unmöglich an, wenn man mitten im größten Streit ist. Doch in der Regel hat jeder Mensch in unserem Leben gute Seiten für uns. Wenn wir diese wieder sehen und die Wertigkeiten geraderücken, dann können wir aus negativen Emotionen schneller herauskommen. Je schneller uns das gelingt, umso schneller können wir wieder klar denken, uns hilfreich und sinnvoll verhalten.

- Schreiben Sie einem Menschen, der Ihnen viel Gutes getan hat, einen Brief und berichten Sie darüber, was sein Tun für Sie gebracht hat. Verabreden Sie sich und lesen Sie ihn vor. Diese Übung wäre auch eine Möglichkeit, Frieden mit einer alten Beziehung zu schließen – dann müssen Sie den Brief natürlich nicht vorlesen.

- Feiern Sie das gute Leben. Feiern Sie auch kleine Begebenheiten, für die Sie dankbar sind, so verstärken Sie deren Wirkung.

- Bei Dankbarkeit können wir nichts falsch machen, es gibt kein zu viel, zu lang, zu oft oder nicht angemessen.

- **Vorsicht:** Für Depressive kann das Aufschreiben von dankbaren Gedanken das Wohlbefinden verschlechtern.

FÜR GENUSSFÄHIGKEIT UND SINN:

- Beide Ressourcen fasse ich zusammen, weil wir es dabei mit Haltungsfragen zu tun haben. Alte Denkgewohnheiten können uns bei der Erweiterung dieser Ressourcen im Wege stehen, etwa dass wir uns Genuss verdienen müssen oder er nur Belohnung sein kann. Sollten Sie feststellen, dass solche Gedanken Sie einschränken, überlegen Sie am besten, wie Sie diese sinnvoll ersetzen und so neue Erfahrungen machen können. Nehmen Sie sich zum Beispiel die Ressource Genuss als Wochenmotto und leben Sie es bei jeder Gelegenheit.

- Beide Ressourcen benötigen vor allem Zeit und Raum – für Reflektionen oder eben für das bewusste Genießen. Beim schnellen Snack im Stehen kann man keinen Genuss erfahren und auf der Autobahn nicht über den Sinn des Lebens nachdenken. Deshalb gehen uns beide Ressourcen auch bei Stress so schnell verloren, weil wir uns kaum Freiraum nehmen.
- Verabschieden Sie neben den gewohnten negativen Gedanken auch gewohntes Tun – zum Beispiel die Stunde Fernsehen am Abend –, damit Sie zum Beispiel mehr genießen können. Das gute Gefühl wird Ihr Lohn sein.
- Wenn wir noch einmal daran denken, dass wir uns auf die Postwachstumsgesellschaft vorbereiten, wird es umso wichtiger, dass uns nicht erst Verluste dazu zwingen, unsere Werte zu überdenken und die berühmten kleinen Dinge in den Fokus zu rücken. Je mehr wir uns an dem Vorhandenen erfreuen können und dies in unser Sinnkonzept integrieren, umso weniger werden uns Veränderungen im Lebensstil stören. Wir werden sie ganz anders bewerten.
- **Vorsicht** vor Übertreibung, zum Beispiel der manchmal verzweifelten Suche nach DER Lebensaufgabe. Gerade Selbständigen wird oft ans Herz gelegt, diese zu finden und danach liefe alles von allein. Außerdem vor der unreflektierten Übernahme von Sinngedanken aus der Umwelt. Was für andere Sinn ergibt, muss nicht für uns gelten.

Zum Schluss folgen hier noch einige konkrete Ideen für den Ausbau der psychischen Ressourcen: Speziell für den Beruf wurde zum Beispiel das Konzept des »Job Crafting« entwickelt, bei dem die Arbeit in ihrem vorhandenen Rahmen verbessert wird. Dazu variieren Sie Abläufe, Schwerpunkte, die Zeiten für bestimmte Tätigkeiten, Ansprechpartner und vor allem Ihre Perspektiven. Finden Sie einen neuen Sinn in dem, was Sie tun, oder für wen Sie es tun. Nutzen Sie weitere Ihrer Stärken.

Schauen Sie sich einmal in Ihrer Familie um und versuchen Sie herauszufinden, welche Stärken und Ressourcen vorhanden sind und waren. Wenn Ihr Opa ein Genießer war, haben Sie die besten Chancen, etwas davon mitbekommen zu haben. Wenn Ihre Schwester der geborene Optimist ist, üben Sie doch mit ihr gemeinsam oder übernehmen Sie Sprüche von ihr, mit denen sie sich selbst motiviert. Fragen Sie sich in kritischen Situationen zum Beispiel: »Was würde der Opa tun?« – und schon haben Sie neue Ideen.

Ressourcen zu erweitern heißt auch zu überlegen, in welchen Situationen Sie Ihre drei besten noch nicht nutzen, obwohl Sie es könnten. Übertragen Sie Ihre Ressourcen auf andere Situationen, andere Probleme. Ressourcen sind durchaus situationsspezifisch und wer ein vielseitiger, genussfähiger Koch ist, muss noch lange kein optimistischer Vater sein. Doch Sie können es ja mal ein bisschen testen und mit den Situationen anfangen, in denen es leicht erscheint. Wenn Sie zum Beispiel in der Lage sind, gutes Essen besonders zu genießen, können Sie dies auf neue Freizeiterlebnisse wie Musik oder Theater übertragen. Sie werden feststellen, dass die Nutzung und Übertragung Ihrer psychischen Ressourcen automatisch dazu führt, dass Sie neue Möglichkeiten dafür entdecken und es Ihnen auch in ganz anderen Situationen leichter fällt. Plötzlich merken Sie wieder, was für ein leckerer Obstkorb in der Teambesprechung gereicht wird oder wie häufig Ihr Chef etwas Lustiges erzählt.

7. Praxistipps für Ihre psychischen Ressourcen

Nun haben wir bereits viel Grundsätzliches geklärt, darüber nachgedacht, welche Potentiale uns ausmachen und wie wir diese noch besser und leichter nutzen können. In diesem Kapitel möchte ich mit einem Mosaik an Ideen in Ihrem Alltag ankommen. Dort, wo Sie mit Ihren Entscheidungen und deren Konsequenzen allein sein werden.

Ein Leben im Optimum

Die wichtigste Frage ist, welches Lebenskonzept Sie haben. Wer möchten Sie als Person mit Körper und Geist sein? Denn diesem Wunschbild von sich, dieser Vision, gilt es, die einzelnen Teilbereiche des Lebens unterzuordnen. Wenn es Ihr Ideal ist, sportlich und fit in Körper und Geist zu sein, müssen Sie sich anders verhalten und anders auswählen, als wenn es Ihnen wichtig ist, ein genussvolles, langsames Leben zu leben. Aus der Grundidee ergeben sich Ernährungskonzept, Sportkonzept, Lebensstilkonzept und Arbeitskonzept. Das mag zunächst aufwendiger klingen, als es ist, »Konzept« ist jedoch mehr im Sinne von Definition und Klarheit gemeint. Wir haben ja schon in den vorigen Kapiteln festgestellt, wie wichtig es ist, Ziele zu haben und verschiedene Wege zu kennen, sie zu erreichen. Daraus erwächst die Motivation der Umsetzung und des Durchhaltens.

Definieren Sie doch am besten gleich einmal, was Ihr Optimum für sich ist. Bitte denken Sie daran, dass es wirklich das Optimum sein soll. Kein kleiner Kompromiss. Und dass sich die Vorstellung daran richtig gut anfühlt.

Ich verrate Ihnen mein Optimum:

»Ich lebe lachend, leicht, locker, lebendig und unbeschwert.«

Das ist genau das, worum es mir geht. Ich definiere zum Beispiel, wie viele Stunden ich arbeite, was ich verdiene, wie ich meine Beziehungen gestalte oder wie mein Körper ist – leicht und unbeschwert. Meine Ziele bestimmen, was ich dafür tun muss, genau so zu sein, zu arbeiten und zu leben.

Nehmen wir den Körper. Ich suche den Sport, die geistige Erholung und das Essenskonzept, dass mir dieses herrlich leichte, unbeschwerte Gefühl gibt. Es passt dann einfach nicht mehr, regelmäßig im Pastakoma zu sein, deswegen verkneife ich mir die Nudeln zum Mittagessen. Es geht darum, zu wissen, wohin ich will und wie ich das erreiche. Dann bleibt immer noch die Disziplin der Umsetzung. Doch dabei hilft eben genau die Optimumversion, weil sie so attraktiv ist. Wenn die ersten Erfolge sich einstellen, der Sport zum Beispiel keinen Muskelkater mehr nach sich zieht, die Hose locker sitzt und das neue Buch mir aus der Feder fließt, bestärken diese das Dranbleiben.

Ihre größte Investition wird die Zeit zum Nachdenken sein, denn vieles ergibt sich wie von allein, wenn Sie Klarheit über Ihre Wünsche haben. Fangen Sie jetzt gleich mit einem ersten Optimum an. Malen Sie es sich in schönen Farben aus und lassen Sie das Bewerten und vor allem Abwerten. Sie können viel mehr, als Sie glauben. Zur Ermutigung können Sie ja einmal zur Erfolgsgeschichte Ihres Lebens zurückblättern. Schreiben Sie in der Ich-Form und in der Gegenwart. Dann ist es, als ob Sie ein Programm für Ihren »Gehirncomputer« schreiben.

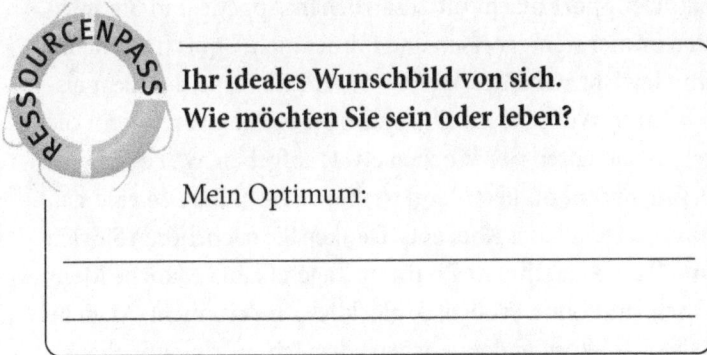

Ihr ideales Wunschbild von sich.
Wie möchten Sie sein oder leben?

Mein Optimum:

_____

_____

So wie wir heute essen, werden wir morgen sein

Essen Sie gern? Ich liebe es, zu essen. Hier können wir unsere Ressource Genussfähigkeit schon dreimal am Tag leben und erweitern. Und wenn wir uns in unserem Körper wohlfühlen, wird es uns auch im Alltag und bei der Arbeit besser gehen. Im Laufe meines Lebens habe ich sehr viele Ernährungskonzepte getestet. Von Trennkost über GLYX-Prinzip,

Ayurveda oder FdH. Im Vordergrund standen immer die Themen Gewicht und Spaß, die nicht so leicht zu vereinbaren sind.

Unsere Bedürfnisse ändern sich im Laufe des Lebens und je nach Lebenssituation. Folgen Sie nie blind einer Empfehlung. Es gibt nichts, was für jeden funktioniert, und vor allem nicht das viel gepriesene »Iss weniger und bewege dich mehr«, wenn man abnehmen oder sein Gewicht halten will. Ergebnis ist nach vielen dieser Grundsätze oft, dass der Körper sich später wieder holt, was er beim wenig Essen vermisst hat. Der Sport macht oft zusätzlichen Appetit und Sie müssten immer weniger essen und immer mehr Sport treiben, um Ihr Gewicht zu halten. Wählen Sie ein Konzept, das die meisten Ihrer Wünsche erfüllt, und bleiben Sie dran. Wenn Sie schon nach drei, vier Wochen etwas aufgeben, weil es scheinbar nicht funktioniert, dann ist dies zu früh. Befassen Sie sich mit den Details des Konzepts. Denken Sie nach, hören Sie sich um. Passt es zu Ihnen? Zu Ihrem Tagesablauf? Manche Menschen sind ohne Frühstück glücklich, andere nicht. Manche lieben Rohkost, andere kochen alles. Ich möchte uns Frauen gern daran erinnern, dass wir uns aus Diätgründen oft zu kalt und zu fettarm ernähren. In der Konsequenz nehmen wir gerade nicht ab und sind hibbelig und unausgeglichen.

Was sollten Sie nun essen und trinken oder nicht? Darauf gibt es keine klare Antwort. Führen Sie doch eine Weile ein Tagebuch, in dem Sie notieren, was Sie wann essen und wie Ihnen das bekommt. Wann sind Sie fit, satt, schlafen gut? Wann haben Sie gute Laune, wann Heißhunger? Apropos Heißhunger. Dieser ist ein Zeichen für Stress (süß und fett und das bitte schnell), zu wenig Essen, ausgefallene Mahlzeiten oder falsche Ernährung. Der wachsende Appetit auf Süßes ist ein klares Stresssignal. Die Seele sucht einen Ausgleich, weil wir nicht süß genug zu uns sind.

- Regelmäßige Mahlzeiten, feste Essenszeiten und sättigendes Essen sind wichtig.
- Struktur im Essensalltag hilft gegen Stress. Langsamkeit und Konzentration ebenso.
- Setzen Sie sich hin, kauen Sie bewusst und denken Sie an das, was Sie tun – essen! Halten Sie Essen und negative Gedanken und Gespräche fern voneinander. Sonst schlucken Sie diese gleich mit und wundern sich, dass Magen und Darm im Aufstand sind.

Bereiten Sie Ihr Essen vor, denken Sie vor. So werfen Sie weniger weg und vor allem haben Sie immer da, was Sie benötigen. Wie oft essen Sie einfach irgendetwas, weil Sie so ausgehungert sind und es nicht mehr aushalten? Genau das passt ab sofort nicht mehr in Ihr Konzept. Sie sind wichtig. Gerade Ihr Gehirn ist hochsensibel für das, was Sie essen.

Besonders ungünstig wirkt sich Zucker aus. Zucker in allen Varianten, also auch Stärke, die im Körper in Zucker umgewandelt wird. Zucker bringt oxydativen Stress in Körper und Gehirn, es kommt zu Entzündungsprozessen, die im Zusammenhang mit vielen unserer Wohlstandserkrankungen stehen. Zucker und Stärke kommen leider heute in fast allen Lebensmitteln vor, auch in Käse und Tomatensoße. Schauen Sie hin, lesen Sie Etiketten. Das, was Sie heute essen, hat Konsequenzen auf Ihr Morgen und Übermorgen.

Das macht alles Mühe? Kommt darauf an. Wenn Sie erst einmal 20 Kilo Übergewicht und Diabetes haben, macht es noch mehr Mühe, das zurückzudrehen. Es ist häufig einfach Bequemlichkeit, dass wir nicht besser essen und trinken.

- Essen Sie mehr und das Richtige, stoppen Sie das Kalorienzählen. Sofort.
- Planen Sie Einkauf, Essen und Jokertage, an denen alles erlaubt ist.
- Tun Sie nichts anderes, wenn Sie essen, und essen Sie immer an einem Ort.
- Essen Sie mehr Gemüse, Eiweiße wie Tofu, Hülsenfrüchte, Fisch, Wild, Geflügel, Naturjoghurt, Nüsse, Olivenöl, Rapsöl, Leinsamen, Arganöl, Fisch, Beerenobst, Kakao.
- Essen Sie weniger Fertigprodukte, geschälten Reis, Paniertes, Frittiertes, Klöße, Cornflakes, Gummibärchen, Kekse, Soßen, Zucker, Weißmehl, Malz.
- Trinken Sie mehr Wasser, Tee, ein Glas unbehandelte Biomilch am Tag.
- Trinken Sie weniger Kaffee, Alkohol, Säfte, Softdrinks.

! Besser Essen ist ein kleiner Aufwand mit großer Wirkung, wenn Sie ein Konzept haben.

Das gute Fett

Fett von innen macht stressresistent von außen. Es gibt heute wirklich gute Öle, das Olivenöl, Rapsöl oder Arganöl sind ja inzwischen bekannt. Kokosfett ist außerdem eine für uns neue, sehr gesunde Möglichkeit zum Kochen. Fügen Sie es bewusst Ihren Mahlzeiten bei. Keine Sorge, die guten, ungesättigten Fette regen den Wärmeaustausch an und machen nicht dick.

Meine persönlichen Favoriten

Ich schwöre auf Aloe Vera, Vitamin B, C und D, Ginkgo und wilden Spargel. Ich trinke Aloe Vera (ohne Zusatzstoffe) für den Darm, die Abwehrkräfte und die Stärkung der Weiblichkeit. Ich nehme im Winter Vitamin D hochdosiert und kurweise Vitamin C 1000 mg am Tag. Ich mache grüne Entlastungstage, an denen ich nur grün esse. Da werde ich satt und habe immer noch eine tolle Auswahl. Niemals sollten Sie in Sachen Essen leiden. Sie können Avocado, Olivenöl, Pistazien, Kürbiskerne, Gurke, Salat, Erbsen, Brokkoli, Apfel, Weintrauben und so weiter essen. Ich mache außerdem Entlastungstage mit Linsensuppen, die viel Eiweiß liefern. Ich nehme Ginkgo für das Gehirn, auch wenn die Schulmedizin keine Wirkung nachweisen kann. Ich achte auf Magnesium und Vitamin B und nehme wilden Spargel für einen straffen Körper.

Nahrung fürs Gehirn

Jörg Blech ist der Frage nachgegangen, ob unsere Ernährung »Dünger« für das Gehirn sein kann, und hat die vielfältigen und widersprüchlichen Informationen zusammengefasst. Kanadische Wissenschaftler fanden bei Schulkindern, dass sie dank Omega-3-Fettsäuren besser lesen und schreiben. Omega-3-Fettsäuren sorgen für eine bessere Übermittlung von Signalen und beeinflussen bei Kindern sogar den Intelligenzfaktor. Sie sollen auch gegen Erkrankungen des Gehirns wie Alzheimer oder Depression wirken. In Japan, wo viel Fisch gegessen wird, kennt man Depressionen kaum.

In Norwegen zeigten Forscher an älteren Menschen, dass sie mit 10 Gramm Fisch pro Tag Denkaufgaben besonders gut meisterten. Babys, deren Nahrung mehr Fleisch enthält, hatten mehr Eisen im Blut und das transportiert mehr Sauerstoff ins Gehirn. Sehr umstritten ist, ob ungesättigte Fette in Tablettenform genommen werden sollten. Einige Forscher warnen davor, dass dies nicht dasselbe sei wie aus der Nahrung. Dass ein Zuviel schaden könne und dass es bei der sogenannten »ausgewogenen Ernährung« gar nicht nötig und nur Geldschneiderei sei. Ich nehme sie gezielt als naturbelassene Öle zu mir.

Das Forscherteam um Leah E. Cahill hat untersucht, wie sich Essgewohnheiten am Morgen und Abend auf die Gesundheit von Männern auswirken. Mehr als 26 000 Personen wurden über 16 Jahre beobachtet, sodass die Ergebnisse durchaus repräsentativ sein dürften. Männer, die das Frühstück ausfallen ließen, hatten ein um 27 Prozent höheres Risiko für Herz-Kreislauf-Erkrankungen, spätes Essen am Abend erhöhte das Risiko sogar um 55 Prozent. Dabei aßen Männer ohne Frühstück später nicht öfter. Zum späten Abendessen kamen meist Rauchen und zu wenig Schlaf hinzu. Es gab keinen Zusammenhang zur Häufigkeit des Essens generell. Die Ergebnisse waren unabhängig von anderen Faktoren wie Depression, Medikamente oder Rauchen.

Falls Sie sich fragen, ob das viele Nachdenken über Essen wirklich nötig ist – ich fürchte ja. Weil das Leben, das wir führen, mit all den Chemikalien, Elektrosmog, Reisen und vor allem Stress so viel von unserem Körper verlangt, dass wir kaum hinterherkommen, die Belastungen auszubalancieren. Es steht also nicht nur eine Genuss-, sondern auch eine Sinnfrage dahinter.

RESSOURCENPASS

Meine Ess-Strategien

☐ Ich esse langsam.

☐ Ich esse konzentriert.

☐ Ich esse im Sitzen.

☐ Ich esse und tue nichts anderes dabei.

☐ Ich esse schweigend.

☐ Ich esse regelmäßig.

☐ Ich esse, bis ich satt bin.

☐ Ich esse nur, wenn ich Hunger habe.

☐ Ich esse frisch.

☐ Ich esse, was mir guttut.

☐ Ich esse warm.

☐ Ich esse natürlich.

☐ Ich esse saisonal.

☐ Ich esse regional.

☐ Ich esse ….

Ich esse mehr

☐ Eiweiß, nämlich _____

☐ Gemüse, nämlich _____

☐ Beeren, nämlich _____

☐ Rohes, nämlich _____

☐ Gekochtes, nämlich _____

…

Ich esse weniger

☐ Brot ☐ Milchprodukte ☐ Kartoffeln ☐ Pasta
☐ Zucker ☐ Fett ☐ Weizen ☐ Malz ☐ Müsli
☐ Fleisch ☐ Wurst ….

RESSOURCENPASS

Meine beste Ess-Strategie:

Was dem Geist guttut

So wie wir denken, formt sich unser Gehirn. So wie es sich formt, denken wir. Auf dem Kongress für Positive Psychologie 2014 in Rosenheim stellte Günter Lueger sein Konzept des positiven Unterschieds vor, welches ich Ihnen ans Herz legen möchte. Es ist ein leichter Einstieg in die neue Art zu denken. Worum geht es? Normalerweise nehmen wir die Stabilität von Dingen und Menschen wahr. Eine schwatzhafte Kollegin zum Beispiel wird von uns immer auf die gleiche Art gesehen werden. Ist sie mal still, bekommen wir das gar nicht mit. Dieses Phänomen ist ein großer Nachteil bei Bewertungsgesprächen. Sind Chef und Mitarbeiter einmal übereingekommen, dass der Mitarbeiter nicht extrovertiert genug im Verkauf ist, ist das wie ein Stempel, den dieser nicht mehr loswird. Besser wäre, auf die kleinen positiven Unterschiede zu achten. Als Chef könnten Sie sich also fragen, wann der Mitarbeiter mehr oder weniger extrovertiert ist. Als Mitarbeiter fragen Sie sich, was anders ist, wenn Sie in einer bestimmten Situation extrovertierter sind. Verkaufszahlen können genauso betrachtet werden. Selbst wenn über Monate die Vorgaben nicht erfüllt sind, wird die Frage, wie der geringere Verlust in einem Monat zustande kommt, eher zu konstruktiven Analysen führen als die ständigen Vorwürfe der generellen Nichterfüllung.

Auf der anderen Seite haben wir die Illusion von der gleichbleibenden, stets hohen Leistungsfähigkeit. Dieser Anspruch ist unrealistisch. Besser wäre der Maßstab, sein Bestes zu geben. Das kann von Tag zu Tag und Situation zu Situation verschieden sein.

Die Sprache der Gesundheit und des Wohlbefindens

Martin Seligmann stellte auf dem gleichen Kongress eine hochinteressante, noch unveröffentlichte Untersuchung vor, bei der 80 Millionen Tweets und Nachrichten bei Facebook bezüglich der verwendeten Worte ausgewertet wurden. Neben einer geschlechtsspezifischen Bevorzugung von Sprache zeigte sich, dass die besonders häufige Verwendung von Worten wie »fucked«, »hate« (hass) und »bored« (gelangweilt) das Auftreten einer Herz-Kreislauf-Erkrankung besser vorhersagt als die Auswertung der medizinischen Risikofaktoren, überraschenderweise allerdings auch Worte wie »mom« oder »boyfriend«. Die Erklärung hierfür könnte sein, dass diese durchaus Stress auslösen können. Es gab auch Worte, die mit einem geringen Risiko für Herz-Kreislauf-Erkrankungen verbunden waren wie » thanks«, »great«, »interesting« und »love«. In dieser Kategorie kamen keine negativen Begriffe vor. Was heißt das für Sie? Achten Sie auf Ihre Gedanken, denn diese sind Sprache – und damit bewirken Sie etwas.

Bleiben wir kurz bei der Sprache und nehmen den Gedanken des positiven Unterschieds noch einmal auf. Wenn Sie am Arbeitsplatz den Eindruck haben, dass Sie »nie« jemand ernst nimmt, oder es Sie stört, dass jemand »immer« zu spät kommt, überlegen Sie, welche Kleinigkeit anders

sein oder werden könnte. Welche Kleinigkeit können Sie beeinflussen? Wann kommt die Person pünktlich oder sogar
früher? Schon fühlen sich die gleichen Situationen anders
an und Sie können sich konstruktiver verhalten, was zu
neuen Situationen führt.

Die Sprache hilft Ihnen auch, aus einem großen, schlim-
men Problem ein kleines, hilfreiches Problem zu machen.
Stellen wir uns vor, Sie haben Angst, bei neuen Kunden
Akquiseanrufe zu tätigen. Normalerweise würden Sie wohl
selbstkritisch und negativ darüber denken, mit Begriffen
wie »Angsthase« oder »Versager« oder Ähnliches. Wenn Sie
jedoch dieser Angst einen Namen und ein Gesicht geben,
werden Sie nicht mehr so darunter leiden. Die Angst könnte
zu einem gelben Teddybär namens Fritz oder Spätzchen
werden. Wir wissen ja, unsere Bewertungen lösen die unangenehmen Gefühle aus, doch das vergessen wir im Alltag
zu schnell. Kommt die Angst beim nächsten Anruf wieder, können Sie »Fritz« freundlich begrüßen und bleiben
in Ihrer Handlungskompetenz.

Hilfreiche Denkgewohnheiten

Gute Gewohnheiten sind auch Geisteshaltungen, die im
Verhalten ihren Ausdruck finden, wie zum Beispiel Höflich-
keit. Kristin Scott und Thomas Zagenczyk von der Clemson
University haben herausgefunden, dass unhöfliches Verhalten oft der Beginn von Mobbing ist. Unhöflichkeiten führ-
ten dazu, dass die Empfänger sich misstrauisch vom Unhöf-
lichen abwendeten. So fühlt sich dieser mehr und mehr
ausgegrenzt. Drehen wir den Spieß also herum und bleiben
auch unter Druck höflich. Das ist gar nicht so einfach, weil
es in Burnoutsituationen zum Beispiel verstärkt zu Zynismus kommt.

Bleiben Sie auch höflich, wenn Sie im Web unterwegs sind. Wenn man sich Blogs und Kommentare anschaut, fällt auf, dass bevorzugt kritisiert und besonders gern Dampf abgelassen wird. Und zwar so, wie man es unter seinem richtigen Namen im Alltag nie tun würde. Bedenken Sie, dass sind trotzdem alles Gedanken, die Sie in die Welt setzen und die etwas mit Ihnen und den Lesern machen.

Schaffen Sie regelmäßig Ordnung. Entmüllen Sie nicht nur Küchenschränke und Sammlungen von Dingen, die Sie lesen wollen »wenn mal Zeit ist«. Entmüllen Sie Ihren Kopf von falschen Gedanken wie Erwartungen und Bewertungen. Wenn Joggen Ihnen keinen Spaß macht, dann geben Sie es endlich auf und tun Sie etwas anderes. Entmüllen Sie Ihr Leben von Zeitfressern und schlechten Beispielen – wenn Sie Freunde haben, deren Maßstäbe Ihnen ständig Druck machen, wird es Zeit für neue Freunde.

Wenn Sie Enttäuschungen oder Verletzungen nicht vergessen können, hilft die Schreibtechnik nach Pennebaker. Schreiben Sie an vier aufeinander folgenden Tagen je 20 Minuten (Wecker stellen) auf, was genau geschehen ist – in allen Details – und welche Gefühle das in Ihnen ausgelöst hat. Beschreiben Sie Schlimmes, Peinliches und Schmerzvolles. Sie brauchen dann keine mentale Kraft mehr für das Unterdrücken dieser Gedanken aufzuwenden, denn das macht krank. Wenn wir etwas Belastendes beschreiben, kommt es mithilfe der Sprache in den Verarbeitungsmodus des Gehirns, kann eingeordnet, verstanden und abgelegt werden.

Dem Gehirn tut außerdem gut, wenn wir diszipliniert sind. Bestimmen Sie zum Beispiel Anfang und Ende für Meetings, Gespräche und so weiter und halten Sie sich daran. Effizienz und Freude werden sofort steigen. Schalten Sie die Telefone in Besprechungen und erst recht beim Essen aus. Ändern Sie, was sie stört: Die Tür quietscht, das

Auto ist schmutzig, der Schreibtisch steht ungünstig? Jetzt ist der Zeitpunkt, sich von unnützen, unsinnigen oder unpraktischen Dingen zu befreien, die sonst immer wieder Ihre Aufmerksamkeit und Ihr Wohlbefinden kosten. Entwickeln Sie geistige Disziplin: Sie bestimmen, was Sie wie oft und wie lange denken. Halten Sie sich fern von schlechten Nachrichten, Klatsch und Tratsch. Stoppen Sie Grübeln und Ärgern, indem Sie sich dafür ein Zeitlimit setzen. Entdecken Sie ein Optimismus-Motto: Es gibt immer Augenblicke, wo etwas schief läuft oder anders als erwartet. Dafür brauchen Sie eine Aufmunterung wie »Das wird schon« oder »Noch ist nicht aller Tage Abend«.

Fitter Körper, fitter Geist

Wer Sport treibt, trainiert nicht nur den Körper, sondern baut das Stresshormon Cortisol ab. Die Sauerstoffversorgung des Gehirns wird optimiert, was zu besserer Durchblutung und dem Transport von Botenstoffen führt. Erfreulicherweise trifft dies auch schon auf einen Spaziergang zu. Wer regelmäßig Sport treibt, hat mehr Gehirnmasse im motorischen Kontext, und dies wird als Grundlage für eine bessere Leistungsfähigkeit gesehen.

Die besten Effekte werden bei regelmäßigem Training erzielt. Synapsen werden neu gebildet und bestehende Verbindungen im Gehirn gefestigt. Auch der Teil des Gehirns, der besonders wichtig für die Verarbeitung von Emotionen ist, der Hippocampus, wird größer. Laufen oder Walken vernetzt durch die gleichzeitige Bewegung von Armen und Beinen außerdem die Gehirnhälften, sodass sie besser zusammenarbeiten. Sie haben sicher auch schon erlebt, dass Ihnen beim Joggen oder bei einem Spaziergang die Lösung für ein Problem eingefallen ist. Das kommt daher, dass man Stress abbaut und dadurch wieder kreativer sein kann.

Doch Vorsicht; wenn Sie sich zu einer Sportart zwingen, die Ihnen keinen Spaß macht, dann bedeutet das neuen Stress. Damit ist nicht gemeint, dass Sie nur das tun sollen, was immer leicht fällt und keine Überwindung kostet, sondern dass Sie etwas suchen, was zu Ihnen passt. Ich gehe zum Beispiel lieber walken, weil ich joggen einfach nicht mag. Trampolinspringen ist effizient und macht mir gute Laune, Tanzen trainiert die kleine und tiefe Muskulatur, die gerade uns Frauen einen graziösen Körper bringt. Die Basisfrage ist auch beim Sport: Was wollen Sie erreichen?

Christine Westerhaus berichtet über eine Studie der Universität Göteborg, die zeigt, dass die körperlich Fitten die geistig Leistungsfähigeren sind. In Schweden wurde an 1,2 Millionen Testpersonen über einen Zeitraum von 26 Jahren herausgefunden, dass eine höhere Herz-Kreislauf-Fitness mit einem höheren IQ einhergeht. Die Muskelmasse spielte keine Rolle, wohl aber ein regelmäßiges Training. Dieser Effekt steigt immer weiter. Also je fitter, umso intelligenter. Dies trifft sogar auf Zwillinge zu, ist also offenbar von der Veranlagung unabhängig. Der Effekt hält auch für das Berufsleben an. Die Fitteren hatten später eine bessere Ausbildung und verdienten mehr.

Tun Sie also Ihrem Körper etwas Gutes – Ihr Geist wird es Ihnen danken. Im Landesklinikum St. Pölten wurde gezeigt, dass ein Thermalbad von 25 Minuten den Cortisolspiegel genauso effektiv senkt wie eine Muskelentspannung und bei der subjektiven Bewertung des Wohlbefindens der absolute Favorit war. In einer deutsch-amerikanischen Studie von Britta Hölzel und Sara Lazar wurde gezeigt, dass Yoga zur Stresslinderung und signifikanten Erhöhung der grauen Substanz im Gehirn führt.

Auch Musik wirkt entspannend oder aktivierend auf uns und ist ein hervorragendes Mittel, um Stress abzubauen. Ganz besonders betrifft das das Singen, weil beim Singen gesund geatmet wird, man im Kontakt mit sich ist und tranceähnliche Zustände entstehen. Musik führt dazu, dass neue Verknüpfungen im Gehirn und damit neue Möglichkeiten, sich zu verhalten, entstehen.

Die nebenwirkungsfreie Antistress-Medizin

Unsere Ängste, Sorgen, Zweifel, Unzufriedenheit und Unruhe entstehen im Kopf. Wellness, Massagen und Sport tun kurzfristig gut und helfen vor allem dem Körper, sich zu entspannen, doch häufig können wir das nicht einmal genießen, weil in unserem Kopf das Gedankenkarussell kreist. Es gibt viele Techniken, Körper und Geist zu entspannen. Sie haben vielleicht schon autogenes Training, Traumreisen, progressive Muskelrelaxation oder Qi Gong probiert. Alles wirkt, keines passt für alle gleich.

Das Werkzeug mit den besten Effekten ist die Meditation. Meditierende haben mehr graue Substanz im Hippocampus, einem Teil des limbischen Systems, das für die Beurteilung von Situationen benutzt wird. Zum Aufbrechen von Gewohnheiten brauchen wir den orbitofrontalen Cortex. Hier führt Meditation zur Bildung von mehr grauen Gehirnzellen, die neue Bewertungen leichter machen. Ein meditierendes Gehirn führt zu einem geringeren vegetativen Erregungsniveau. Das heißt, Körper und Geist sind eher entspannt. Es kommt zur Verringerung negativer Stressreaktionen. Ängste und Depressionen werden besser bewältigt. Meditierende sind leistungsfähiger, gesünder, belastbarer. Durch die verbesserte Konzentrationsfähigkeit sind sie effektiver, aufmerksamer und nutzen eigene Potentiale besser. Meditation fördert den Schlaf, löst Verspannungen, Immun- und Hormonsystem werden stabilisiert.

Meditation hat kein Ziel. Sie beobachten nur Ihre Gedanken, Ihren Körper und konzentrieren sich auf sich selbst. Auch dann, wenn in Ihrem Kopf die Gedanken toben, meditieren Sie richtig. Ein guter Anfang ist, sich im Alltag auf das zu konzentrieren, was sie gerade tun, ganz im Augenblick und absichtslos zu sein. Konzentrieren Sie sich also zum Beispiel auf das Gläser polieren oder Adressen recherchieren. Eine wirksame Übung, die Sie ganz leicht ausprobieren können, ist das Zählen. Zählen Sie von 100 rückwärts bis 0. So oft, wie es Ihnen gefällt. Durch das Rückwärtszählen verringert sich die Frequenz unserer Gehirnwellen in Richtung wache Entspannung.

Oder konzentrieren Sie sich auf Ihren Atem, beobachten Sie, wie Sie ein- und ausatmen. Besonders hilfreich für mich war dabei die Konzentration auf die Nasenspitze. Probieren Sie den »bodyscan«, bei dem Sie sich auf Ihre Atmung konzentrieren und in Gedanken alle Körperteile mit Ihrer Wahrnehmung durchgehen. Sie nehmen wahr, wie sich zum Beispiel Ihre Zehen, Fersen, Waden und so weiter anfühlen. Wo gibt es Anspannung, welche Temperaturen fühlen Sie? Dabei lenken Sie Ihre Aufmerksamkeit auf den Körper. Er ist immer im Augenblick und Sie können die Anspannung loslassen.

Bei der Mantra-Mediation wird mit einzelnen Worten gearbeitet, die die unruhigen Gedanken einfangen helfen. Ein Wort wie zum Beispiel »Liebe« wird gedanklich immer wiederholt. Alternativ können Sie ein Wort wählen, das einen Zustand beschreibt, den Sie sich gerade wünschen, zum Beispiel Gelassenheit. Eine ganz alte Form, die Gedanken meditativ zu betrachten, wurde mit der »Quantenheilung« durch den amerikanischen Arzt Dr. Frank Kinslow wiederbelebt. Dabei achten Sie auf die Lücken zwischen den Gedanken. In dieser kurzen Leere entspannen Körper und Geist. Dies gelingt besonders gut, wenn Sie zwischen jeden Gedanken innerlich ein »ich denke« setzen. Die Gedanken verlangsamen sich. Sie gewinnen Abstand und durch die Entspannungsreaktion können Sie für Wohlbefinden in den anspruchsvollsten Situationen sorgen.

Was auch immer Sie wählen – beginnen Sie. Zehn Minuten sind gut zum Eingewöhnen. 15 bis 20 Minuten ein bis zwei Mal am Tag wären noch besser. Morgens hilft die Meditation, den Tag ruhig, konzentriert und mit Achtsamkeit zu beginnen. Nachmittags ist sie eine großartige Pause, um dann mit frischer Kraft und frischem Geist weiterzumachen. Abends hilft sie, zur Ruhe zu kommen und gut zu schlafen.

Das Wertvollste an der Meditation ist aus meiner Sicht, dass wir uns Zeit für uns und unser Gehirn nehmen und uns zurückziehen aus der Reizüberflutung des Alltags. Wir trainieren dadurch, mehr auf uns zu achten.

Auch in diesem Kapitel gab es wieder viele Ideen, aus denen Sie eine auswählen sollten, die Sie auch wirklich leben. Welche ist es?

RESSOURCENPASS

Meine beste Antistresstechnik:

_____

_____

8. Ihr Ressourcenpass

Haben Sie einen Nothilfepass? Dort finden Sie neben der Blutgruppe Einträge, die lebenswichtig sein können, wie Medikamente, die Sie benötigen, oder Unverträglichkeiten. Kurzum, alles was jemand wissen muss, der Ihnen helfen will. Wenn Sie sich zukünftig selbst besser helfen wollen, brauchen Sie genau das. Eine Erinnerung daran, was Sie wollen, was Ihnen guttut und wie das genau geht. Deshalb haben Sie im Laufe des Buches schon einige Überlegungen gesammelt, die wir nun hier zusammenführen und so komprimieren wollen, dass Sie eine schnelle Alltagshilfe haben. Übertragen Sie zunächst das, was Sie schon in den vorigen Kapiteln erarbeitet haben, auf diese Seiten und überprüfen Sie dabei gleich, ob Sie die richtige Wahl getroffen haben oder etwas ändern wollen. Einige Fragen müssen Sie noch zusätzlich beantworten. Die Hintergründe dazu kennen Sie jedoch schon. Am Ende können Sie dann kurz und knapp Ihren Ressourcenpass ausfüllen.

Ich, _____ entscheide mich heute dafür, ab sofort gut für mich zu sorgen, meine psychischen Ressourcen bewusst einzusetzen und als unendliche, unzerstörbare Kraftquelle zu nutzen.

Datum   Ort

Was ist das Beste, was ich von meiner Zukunft erwarte?

_____

_____

Welchen Beitrag will ich leisten, damit wir alle eine gute Zukunft haben?

_____

_____

Mein Lieblingsziel für eine tolle Zukunft:

_____

_____

Wann habe ich es erreicht?

_____

_____

Auf welchen Wegen kann ich es erreichen?

_____

_____

Welche Teilschritte sind nötig?

_____

_____

Welche Hindernisse in mir und im Außen könnten im Weg stehen?

_____

_____

Wenn ein Hindernis kommt, helfe ich mir so:

_____

_____

Welche Menschen können mir helfen?

_____

_____

Die Hilfsmittel zur Erreichung meiner Ziele

Mein Lieblingsgedanke:

_____

_____

Mein Lieblingsgefühl:

_____

_____

Meine Gewinner-Ressourcen:

_____

_____

Welche Bedingungen sind für den Einsatz meiner
Ressourcen optimal?

_____

_____

Wo genau setze ich sie ab jetzt öfter ein?

_____

_____

Wo kann ich sie noch einsetzen?

_____

_____

Wer sind meine Verbündeten?

_____

_____

Meine beste Ess-Strategie:

_____

_____

Meine beste Antistresstechnik:

_____

_____

Der Ressourcenpass

Mein wichtigstes Ziel:

_____

_____

Mein Lieblingsgedanke:

_____

_____

Mein Lieblingsgefühl:

_____

_____

Meine Gewinner-Ressourcen:

_____

_____

Meine beste Ess-Strategie:

_____

_____

Meine beste Antistresstechnik:

_____

_____

Schlusswort: Schöne Aussichten

Während ich dieses Buch geschrieben und die Tests entwickelt habe, war es mir ein Anliegen, die Praxisrelevanz parallel dazu zu überprüfen. Deshalb habe ich bei vielen Vorträgen die Gelegenheit zu Umfragen zu psychischen Ressourcen genutzt.

Von mir selbst weiß ich, dass ich von den Generationen vor mir mit tollen Grundlagen ausgestattet wurde. Optimismus oder Genussfähigkeit waren mir zum Beispiel in die Wiege gelegt. So möchte ich meiner Familie nicht nur für die permanente Unterstützung mit Zeit, Ermutigung und Rückenfreihalten beim Schreiben des Buches danken. Sondern vor allem für die Gaben, die ich mitbekommen habe. Resilienz habe ich recht bald in meiner Biografie entwickelt, auch wenn ich sie vor 30 Jahren so noch nicht benannt habe. Dankbarkeit ist eine relativ junge bewusste Ressource, die mir sehr guttut. Ich war mir folglich klar darüber, dass meine psychischen Ressourcen kraftvoll und vielgestaltig sind.

Was ich bei den Antworten der Vortragsteilnehmer erlebte, war eine sehr angenehme Überraschung. Ursprünglich war es meine Absicht, eine Art »Hitliste« von psychischen Ressourcen zu erstellen. Ich war gespannt, ob es die eine Ressource gibt, die am meisten genutzt wird. Einen Spitzenreiter, der die meisten Effekte bringt. Ich hatte mich gefragt, ob uns manche psychischen Ressourcen weniger vertraut sind und sie deshalb nicht genannt werden. Die ausgefüllten Fragebogen zeigten jedoch, dass alle unserer Top Sieben vorkamen. Viel besser noch: Auf die Frage nach **einer** wichtigsten Ressource wurden drei bis fünf genannt. Nun könnte man meinen, die Teilnehmer hätten meine Frage nicht richtig verstanden. Doch meine Interpretation war, dass, wenn wir einmal nach unseren eigenen psychischen Ressourcen gefragt werden, wir ganz viele wahrnehmen.

Ich war ganz begeistert über diesen Umstand und hoffe, dass es Ihnen auch so geht. Dass Sie mehr und mehr entdecken, wie viel Sie in sich tragen und dass, wenn Sie im Job keiner nach Ihren Ressourcen fragt, Sie es eben selbst bei sich und anderen tun. Wenn wir diesen Weg zusammen gehen, nehmen wir immer einige Menschen mit. Das ist die Chance, die Arbeitswelt zu erschaffen, die wir uns wünschen, weil sie uns guttut. Und die wir brauchen, um den Anforderungen von morgen heute schon gerecht zu werden.

Ich wünsche Ihnen erbauliche und befreiende Momente und danke Ihnen für Ihr Interesse an diesen neuen Ideen.

Alle guten Wünsche für Sie

Mona Bürgel

Literaturverzeichnis

Adam, Hajo; Galinsky, Adam: Enclothed Cognition. In: Journal of Experimental Social Psychology 48(4), 2012, S. 918–925, DOI:10.1016jesp. 2012.02.008

Adler, Nele; Kniesche, Rainer; Voss, Martin; Kathmann, Norbert; Simon, Daniela: Neuronale Korrelate der Unterdrückung von Gedanken, 40. Tagung Neurologie und Gehirn, Lübeck 2014

Amabile, Theresa M.; Kramer, Steven J.: Was Mitarbeiter wirklich wollen. In: Harvard Business Manager, Mai 2010

Andersen, Benny: Wie verrinnt das Leben? In: Morgenavisen, Jyllands Posten 1.11.2008

Bakker, Arnold B.; Demerouti, Evangelia; Schaufeli, Wilmar B.: The Crossover of Burnout and Work Engagement among Working Couples. In: Human Relations 58 (5), 2005, S. 661–689, www.sagepublications.com

Bakker, Arnold B.; Euwema, Martin C.; van Emmerik, Hetty: Crossover of Burnout and Engagement in Work Teams. In: Work and Occupations 33(4), 2006, Sage Publications, S. 464–489, http://wox.sagepub.com

Bakker, Arnold B.: The Crossover of Burnout and its Relation to Partner Health. In: Stress and Health 25, 2009, S. 343–353, www.interscience.wiley.com

Bierhoff, Hans-Werner: Mehr Leistung durch Eigenverantwortung und Selbstwirksamkeit. Folgerungen aus einer empirischen Studie zur Selbstmotivation. In: Personalführung, 45(9), 48–55, http://www.ruhr-uni-bochum.de/soc-psy/dokumente/2012_ Bierhoff_Personalfuehrung_Selbstwirksamkeit.pdf [16.06.2014]

Blech, Jörg: Ernährung, Dünger fürs Gehirn, In: Der Spiegel, Ausg. 52/ 2008, http://www.spiegel.de/spiegel/a-597556.html [16.06.2014]

Boyle, Patricia A.; Buchman, Aron S.; Wilson, Robert S.; Yu, Lei; Schneider, Julie A.; Bennett, David A.: Effect of Purpose in Life on the Relation Between Alzheimer Disease Pathologic Changes on Cognitive Function in Advanced Age. In: Arch Gen Psychiatry, 69(5), 2012, S. 499–504. DOI:10.1001/archgenpsychiatry.2011.1487

Bradt, Steve: Wandering mind not a happy mind (Studie Matthew

Killingsworth und Daniel Gilbert). In: Harvard Gazette, 11.11.2010, http://news.harvard.edu/gazette/story/2010/11/wandering-mind-not-a-happy-mind/ [24.09.2014]

Brandt, Steffen; Ihle, Wolfgang; Esser, Günter u.a.: Prävention und Gesundheitsförderung im betrieblichen Setting, eine Längsschnittstudie über die psychologischen Auswirkungen des Yoga und des Autogenen Trainings, http://www.yoga-vidya.de/downloads/Wirksamkeit_von_Yoga_und_Autogenem_Training.pdf [17.09.2014]

Bressler, Linda A.; Bressler, Mark E.; Bressler, Martin S.: The Role and Relationship of Hope, Optimism and Goal Setting in Achieving Academic Success: A Study of Students enrolled in Online Accounting Courses. In: Academy of Educational Leadership Journal 14(4), 2010, http://www.alliedacademies.org/Publications/Papers/AELJ%20Vol%2014%20No%204%202010%20p%2037-51.pdf [28.04.2014]

Budras, Cornelia; Schipper, Lena: Schuften bis zum bitteren Ende, http://www.faz.net/aktuell/beruf-chance/arbeitswelt/arbeitszeit-schuften-bis-zu-bitteren-ende-12551927.html [16.10.2014]

Bundesanstalt für Arbeitsschutz und Arbeitsmedizin: Stress im Betrieb, Handlungshilfen für die Praxis. In: Gesundheitsschutz 20, 2001

Bundesministerium für Bildung und Forschung: Ohne Placebo-Effekt wirkt Morphium viel schwächer, Interview mit Dr. Ulrike Bingel, Schmerzforscherin an der Universität Hamburg, über Voraussetzungen, Wirkmechanismen und die Rolle des Arztes, 07.05.2014, http://www.gesundheitsforschung-bmbf.de/de/1273.php, [12.05.2014]

Bundesministerium für Bildung und Forschung: Placebo-Effekt sichtbar gemacht, 07.05.2014, http://www.gesundheitsforschung-bmbf.de/de/1274.php, [12.05.2014]

Büser, Tobias; Stein, Holger; von Königsmarck, Imke: Führungspraxis und Motivation – Empirische 360-Grad-Analyse auf Grundlage des MoKoCha-Führungsmodells und des Team Management Systems (TMS), Arbeitspapier der FOM, Nr. 30, MA Akademie Verlags- und Druck-Gesellschaft mbH, Essen 2012

Cahill, Leah E. et al.: Prospective Study of Breakfast Eating and Incident Coronary Heart Disease in a Cohort of Male US Health Professionals, http://circ.ahajournals.org/lookup/suppl/doi:10.1161/CIRCULATIONAHA.113.001474/-/DC1. [12.05.2014]

Chang, Edward C.; Yu, Elizabeth A.; Hirsch, Jameson K.: On the confluence of optimism and hope on depressive symptoms in primary care patients, Does doubling up on bonum futurun Proffer any added benefits? In: The Journal of Positive Psychology 8(5), 2013, S. 404–411, http://dx.doi.org/10.1080/17439760.2013.818163 [12.05.2014]

Damas, Sigrun; Kölbel, Ralf: Fett als Nervennahrung, Spezialdiät fürs

Gehirn. SWR2 Impuls, http://www.swr.de/swr2/wissen/fett-als-nervennahrung/-/id=661224/did=12243426/nid=661224/tca99f/index.html [16.06.2014]

Davidson, Richard et al.: Individual differences in amygdala and ventromedial prefrontal cortex activity are associated with evaluation speed and psychological wellbeing. In: Journal of Cognitive Neuroscience, 19/2007

Demerouti, Evangelia; Mojza, Eva J.; Bakker, Arnold B.: Reciprocal Relations Between Recovery and Work Engagement, The Moderating Role of Job Stressors. In: Journal of Applied Psychology 97(4), 2012, S. 842–853

DGB-Index Gute Arbeit GmbH (Hrsg.): Wachsender Psycho-Stress, wenig Prävention – wie halten die Betriebe es mit dem Arbeitsschutzgesetz? So beurteilen die Beschäftigten die Lage, Ergebnisse der Repräsentativumfrage 2012 zum DGB-Index Gute Arbeit, http://www.dgb-index-gute-arbeit.de/downloads/publikationen/data/wachsender_psycho-stress-_wenig_praevention_-_wie_halten_es_die_betriebe_mit_dem_arbeitschutzgesetz.pdf [12.05.2014]

Eberle, Ute: Positives Denken – Gesunder Optimismus. In: Zeit Wissen Nr. 6/2010, http://www.zeit.de/zeit-wissen/2010/06/Optimismus-Positives-Denken [16.06.2014]

Eliason, Marcus; Storrie, Donald: Does Job Loss Shorton Life? In: Journal of Human Resources 44(2), 2009, S. 277–302

Emmons, Robert A.; McCullough, Michael E.: Counting Blessings Versus Burdens: An Experimental Investigation of Gratitude and Subjective Well-Being in Daily Life. In: Journal of Personality and Social Psychology 84(2), 2003, S. 377–389, http://greatergood.berkeley.edu/pdfs/GratitudePDFs/6Emmons-BlessingsBurdens.pdf [16.06.2014]

Easterlin, Richard; In: happinez 6/2013

Fegg, M.; Kögler, M.; Kramer, M. u. a.: Lebenssinn in Deutschland: Ergebnisse einer repräsentativen Studie mit dem Schedule for Meaning in Life Evaluation (SMiLE). In: Palliativmedizin 2008, 9 – PW_256

Ferris, Timothy: Die 4-Stunden-Woche. Mehr Zeit, mehr Geld, mehr Leben. Ullstein, Berlin 2011

Fransén, Erik: Online-Zeit nimmt unserem Gehirn den Leerlauf, scinexx.de, 23.09.2013, http://www.scinexx.de/wissen-aktuell-16680-2013-09-23.html [17.09.2014]

Fredrickson, Barbara I.: Die Macht der guten Gefühle. Wie eine positive Haltung Ihr Leben dauerhaft verändert. Campus Verlag Frankfurt/New York 2011

Friedman, Howard S.; Martin, Leslie R.: The Longevity Project, Surprising Discoveries for Health and Long Life from the Landmark Eight-Decade Study, Plume, New York 2012

Focus Spezial: Die Karrieremacher, Juni/Juli 2014,
http://www.focus.de/magazin/magazin_karriere-spezial/
die-karriere-macher_id_3874559.html [29.09.2014]

Gallagher, Matthew W.; Lopez, Shane J.: Positive Expectancies and Mental Health, Identifying the Unique Contributions of Hope and Optimism. In: The Journal of Positive Psychology: Dedicated to furthering research and promoting good practice, 05.11.2009,
http://www.tandfonline.com/doi/abs/10.1080/17439760903157166 #.U15vRVc8RJw [28.04.2014]

Gmachl-Fischer, Ulrike: Führungskräfte, MitarbeiterInnen und psychische Belastungen am Arbeitsplatz – Eine Dreiecksbetrachtung. In: Kube!! Kundenbeziehungsberatung, Training und Coaching, http://www.kube.co.at/wissenswertes/wissenswertes/fuehrungskraefte-mitarbeiter-und-psychische-belastungen-am-arbeitsplatz.html [29.09.2014]

Haselbach, Ann-Christin: Erste Weiterbildungsstudie ihrer Art – Lernen im Jahr 2030. In: Mittelstand Nachrichten, 05.02.2014,
http://www.mittelstand-nachrichten.de/karriere/erste-weiterbildungsstudie-ihrer-art-lernen-im-jahr-2030-20140205.html [29.09.2014]

Hauschild, Jana: Psychologie: Die Kraft der Freundschaft. In: Spiegel Online Gesundheit, 24.02.2014, http://www.spiegel.de/gesundheit/psychologie/freundschaften-sind-gut-fuer-die-gesundheit-a-954153.html [12.05.2014]

Headey, Bruce; Muffels, Ruud; Wagner, Gert G.: Choices Which Change Life Satisfaction: Similar Results for Australia, Britain and Germany, Deutsches Institut für Wirtschaftsforschung, SOEPpapers, Berlin, Januar 2011

Heidenberger, Burkhard: Narzissten können mit Stress besser umgehen! (Studie Roy Baumeister) In: Zeitblüten,
http://www.zeitblueten.com/news/narzissten-stress/ [17.09.2014]

Heinrich, Christian: Kognitive Leistungsfähigkeit, Lauf dich schlau. In: Spiegel Online Gesundheit, 03.09.2013,
http://www.spiegel.de/gesundheit/ernaehrung/sport-steigert-das-gehirn-leistungsvermoegen-a-917596.html [12.05.2014]

Heinrich, Christian: Lernen im Alter? Yes we can! (Interview Christian Stamov Roßnagel). In: Die Zeit online, 10.12.2013, http://www.zeit.de/2013/49/interview-lernforscher-aeltere-neues-lernen [29.09.2014]

Heinrich, Christian: Positives Denken: Optimismus als Überlebensstrategie, in: Spiegel Online, 2. 6. 2013,
http://www.spiegel.de/gesundheit/psychologie/optimismus-positive-gedanken-koennen-das-leben-staerken-a-901042.html [16.06.2014]

Hill, P. L.; Burrow, A. L.; O'Dell, A. C.; Thornton, M. A.: Classifying adolescents' conceptions of purpose in life. In: The Journal of Positive Psychology 5, 2010, S. 466–473.

Hoberg, Derk: Gesunde Ernährung, Nüsse – Nahrung fürs Hirn, http://www.gesuendernet.de/gesundheit/gesunde-ernaehrung/item/42-n%C3%BCsse-%E2%80%93-nahrung-f%C3%BCrs-hirn.html [16.06.2014]

Holsboer, Florian: Wie entstehen aus Stressbelastung Burn-Out und Depression? Jahrestagung des Arbeitgeberverbandes der Versicherungsunternehmen für die Personalvorstände der deutschen Assekuranz, 13. Juni 2012, Rottach, http://www.holsboer.de/PDF/AGV_130612.pdf [05.05.2014]

Huber, Hanke: Das Gehirn bestimmt, ob man Pessimist oder Optimist ist, (Studio Jason Moser). In: aponet.de, 04. April 2014, http://www.aponet.de/aktuelles/forschung/20140404-gehirn-bestimmt-ob-man-pessimist-oder-optimist-ist.html [12.05.2014]

Hunecke, Marcel: Psychische Ressourcen zur Förderung nachhaltiger Lebensstile, Memorandum des Denkwerks Zukunft – Stiftung kulturelle Erneuerung, Juni 2013, http://www.denkwerkzukunft.de/downloads/MemoPsycho.pdf [29.04.2014]

Hunecke, Marcel: Psychologie der Nachhaltigkeit, oekom, München 2014

Illig, Tobias: Die stärkenfokussierte Organisation, Methoden und Instrumente des Positiven Managements, Schäffer-Poeschel Verlag, Stuttgart 2013

Jimenez, Fanny: Kuschelhormon, Oxytocin macht aggressive Menschen aggressiver. In: Die Welt, 27.02.14, http://www.welt.de/gesundheit/psychologie/article125265696/Oxytocin-macht-aggressive-Menschen-aggressiver.html [16.06.2014]

Kjerulf, Alexander: Wir sind Alltagsmeister im Glück. Morgenavisen Jyllands-Posten

Kinslow, Frank: Quantenheilung erleben, Wie die Methode konkret funktioniert – in jeder Situation. VAK Verlags GmbH, Kirchzarten 2010

Kuhn, Andreas; Wullrich, Jean-Philippe; Zweimüller, Josef: Fatal Attraction? Access to Early Retirement and Mortality, Forschungsinstitut zur Zukunft der Arbeit, Discussionpaperseries, August 2010, IZA DP No. 5160, http://ftp.iza.org/dp5160.pdf [29.09.2014]

Kumsta, Robert; Heinrichs, Markus: Oxytocin, stress and social behavior: neurogenetics of the human oxytocin system. In: Current Opinion in Neurobiology 23, 2012, S. 11–16

Kury, Patrick: Früher fuhr man zur Kur, heute optimiert man sich. In: Managerseminare Heft 178, Januar 2013

Lewis, David: Reading can help reduce stress. In: The Telegraph, 30.03.2009, http://www.telegraph.co.uk/health/healthnews/5070874/Reading-can-help-reduce-stress.html [17.09.2014]

Lohmann-Haislach, Andrea: Stressreport Deutschland 2012, Psychische Anforderungen, Ressourcen und Befinden. Hg.: Bundesanstalt für Arbeitsschutz und Arbeitsmedizin, Dortmund/Berlin/Dresden 2012, www.baua.de/dok/3430796 [29.09.2014]

Luthans, Fred; Avey, James B.; Patera, Jaime L.: Experimental Analysis of a Web-Based Training, Intervention to Develop Positive Psychological Capital. In: Academy of Management Learning & Education 7(2), 2008, S. 209–221

Luthans, Fred; Avey, James B.; Avolio, Bruce J.; Norman, Steven M.; Combs, Gwendolyn M.: Psychological Capital Development, Incubator Toward a Micro-Intervention. In: Journal of Organizational Behaviour 27, 2006, S. 387–393, http://www.uws.edu.au/__data/assets/pdf_file/0011/529355/PsyCapintervention.pdf [28.04.2014]

Luthans, Fred; Avey, James B.; Avolio, Bruce J.; Peterson, S.: The development and resulting performance impact of positive psychological capital. In: Human Resource Development, Quarterly, 21(1), S. 41–66.

Luthans, Fred; Avolio, Bruce J.; Avey, James B.; Norman, Steven M.: Positive Psychological Capital: Measurement and Relationship with Performance and Satisfaction, (2007). Leadership Institute Faculty Publications. Paper 11, http://digitalcommons.unl.edu/leadershipfacpub/11 [05.05.2014]

Lyubomirsky, S.; Sousa, L.; Dickerhoof, R.: The Costs and Benefits of Writing, Talking, and Thinking About Life's Triumphs and Defeats. In: J Pers Soc Psychol. 90(4), 2006, S. 692–708

Lyubomirsky, S.; Dickerhoof, R.; Boehm, J.; Sheldon, K.: Becoming Happier Takes Both a Will and a Proper Way: An Experimental Longitudinal Intervention To Boost Well-Being (Abstract). In: Emotion 11(2), 2011, S. 391–402

Marriner, Cosima: Study finds men and women retire for different reasons. In: Sydney Morning Herald, 2. März 2014, http://www.smh.com.au/national/study-finds-men-and-women-retire-for-different-reasons-20140301-33st4.html [03.09.2014]

Martin, Angela; O'Donohue, Wayne; Dawkins, Sarah: Psychological capital at the individual and team level, Implications for job satisfaction and turnover intentions of emergency services volunteers. In: Proceedings of the 25th Australian & New Zealand Academy of Management Conference, Australian & New Zealand Academy of Management, 2011

Moritz, Eileen: Ressourcen einschätzen, nutzen und sich gegenseitig stärken, Vortrag im Rahmen der Tagung des Weibernetz e. V., 10.–11. Mai 2009, http://www.weibernetz.de/download/VortragEMoritz.pdf [12.05.2014]

Mullainathan, Senhil; Shafir, Eldar: Knappheit, Was es mit uns macht, wenn wir zu wenig haben. Campus Verlag, Frankfurt/New York 2013

Neuburger, Sarah: Macht Gut-Sein glücklich? Evaluation einer Intervention der Positiven Psychologie, 14. Arbeitstagung Empirische Forschung in Psychotherapie und Seelsorge, 21.03.2009, http://www.akademieps.de/download/Vortrag_Neuburger-2009-03-21.pdf [05.05.2014]

Odenwald, Michael: Wie geht es mit der Evolution des Menschen weiter? 20.06.2008, http://www.focus.de/wissen/weltraum/odenwalds_universum/frage-von-beate-betz-glogowski-wie-geht-es-mit-der-evolution-des-menschen-weiter_aid_312266.html [28.04.2014]

Petermann, Franz; Schmidt, Martin H.: Ressourcen – ein Grundbegriff der Entwicklungspsychologie und Entwicklungspathologie? In: Kindheit und Entwicklung 15(2), Hogrefe Verlag 2006, S. 118–127

Peters, Fabian: Bedauern über verpasste Chancen reduziert die Lebenszufriedenheit im Alter, 20.04.2012, http://www.heilpraxisnet.de/naturheilpraxis/mehr-lebenszufriedenheit-im-alter-erreichen-900855.php [28.04.2014]

Pfläging, Niels: Die 12 neuen Gesetze der Führung, Der Kodex: Warum Management verzichtbar ist, Campus Verlag, Frankfurt am Main 2009

Pink, Daniel H.: Drive, Was Sie wirklich motiviert, Ecowin Verlag, Salzburg 2010

Proyer, René T.; Ruch, Willibald; Buschor, Claudia: Testing Strengths-Based Interventions: A Preliminary Study on the Effectiveness of a Program Targeting Curiosity, Gratitude, Hope, Humor, and Zest for Enhancing Life Satisfaction. In: Journal of Happiness Studies 14(1), 2013, S. 275–292. http://link.springer.com/article/10.1007%2Fs10902-012-9331-9 [16.06.2014]

Rath, Tom; Harter, Jim: Wellbeing, The Five Essential Elements, Gallup Press, Washington, D. C. 2010

Rath, Tom; Clifton, Donald O.: Wie voll ist Ihr Eimer? Positive Strategien für Beruf und Alltag, WILEY-VCH Verlag, Weinheim 2012

Reinhardt, Rüdiger: Psychologisches Kapital: Durch Nutzung psychischer Ressourcen zu höherer Führungseffektivität, Windmühle Verlag, Hamburg 2013

Rendell, Michael; Vander Linde, Karen; Yildirim, Leyla: Managing tomorrow's people, Millennials at work – perspectives from a new generation, Price Waterhouse coopers 2008, https://www.pwc.de/de/prozessoptimierung/assets/millennials_at_work_report08.pdf [29.09.2014]

Ringlstetter, Max J.; Kaiser, Stephan; Müller-Seitz, Gordon: Positives Management, Zentrale Konzepte und Ideen des Positive Organizational Scholarship, Gabler Verlag, Wiesbaden 2011, 2. Auflage

Rose, Nico: Positive Psychology, Standing on which Giants' Shoulders?,

17.03.2014, http://mappalicious.com/2014/03/17/positive-psychology-standing-on-which-giants-shoulders/ [29.04.2014]

Ruch, Willibald: Positive Psychologie: Projekte und Modellansätze der Zürcher Stärkenforschung, Symposium Positive Psychologie, ETH Zürich, 2.07.2011

Salomon, Roy; Donz, J.; Ronchi, Roberta; Herbelin, Bruno; Bello-Ruiz, Javier; Martet, R.; Blanke, Olaf: What your heart doth know? Insula mediated heartbeat interoception shapes visual consciousness. 40. Tagung Neurologie und Gehirn, Lübeck 2014

Sandmeyer, Peter: Abenteuer Menschheit, Die Zukunft der Evolution, http://www.stern.de/wissen/natur/abenteuer-menschheit-die-zukunft-der-evolution-502015.html [23.04.2014]

Sänger, Christine: Einzelne Mitarbeiter bevorzugen lohnt sich! Neue Studie der Kühne Logistics University – Führungskräfte, die einzelne Mitarbeiter bevorteilen, bringen das ganze Team voran, PresseBox, 15.01.2013, http://www.pressebox.de/pressemitteilung/kuehne-logistics-university/Einzelne-Mitarbeiter-bevorzugen-lohnt-sich/boxid/567047 [12.05.2014]

Sauer, Stefan: Was Mitarbeiter zufrieden macht. In: Frankfurter Rundschau, 07.04.2014, http://www.fr-online.de/wirtschaft/arbeitnehmer-was-mitarbeiter-zufrieden-macht,1472780,26772714.html [13.04.2014]

Schmacke, Norbert: Häufigkeit seelischer Erkrankungen. Die Frage nach der »wahren« Prävalenz ist kein akademischer Luxus. In: GGW 12(3), 2012, S. 7–15

Schmid, Sandra: Ist Sinn im Leben wichtig oder überflüssig? 21. 12. 2010, http://www.sinnforschung.org/gesellschaftsrelevant/ist-sinn-im-leben-wichtig-oder-uberflussig [16.06.2014]

Schmiechen, Frank: Leben in 100 Jahren, Die Zukunft der Menschheit wird fantastisch, 07.01.2013, http://www.welt.de/wissenschaft/article112447946/Die-Zukunft-der-Menschheit-wird-fantastisch.html [28.04.2014]

Schönfeld, Gudrun; Behringer, Friederike: Betriebliche Weiterbildung in Deutschland im europäischen Vergleich. Ergebnisse der dritten europäischen Erhebung zur betrieblichen Weiterbildung (CVTS3), Bundesinstitut für Berufsbildung, Heft 141, BIBB Direktvertrieb 2013

Schöps, Corinna; Reidenbach, Felix: Die Macht der Worte. In: Stern Gesund leben 3/2013

Scott, Kristin L.; Restubog, Simon Lloyd D.; Zagenczyk, Thomas J.: A Social Exchange-Based Model of the Antecedents of Workplace Exclusion (Abstract). In: Journal of Applied Psychology, 98 (1), 2013, S. 37–48.

Snyder, C. R.; Ilardi, Stephen S.; Cheavens, Jen; Michael, Scott T.; Yamhure, Laura; Sympson, Susie: The Role of Hope in Cognitive-Behavior Therapies. In: Cognitive Therapy and Research 24(6), 2000, S. 747–762

Sperlich, Thorsten (Hrsg.): Die Megatrends unserer Gesellschaft und ihr Potential für Lebensfreude, Die Coca-Cola Happiness-Studie, Mai 2014, http://www.happiness-institut.de/happinesscontent/themes/happinessinstitut/pdf/Happiness-Studie.pdf [16.06.2014]

Steinfurth, Elisa C. K.; Alius, Manuela G.; Wendt, Julia; Hamm, Alfons O.: Kennzeichen dysfunktionaler Emotionsregulationsstrategien am Beispiel des Sorgens und Grübelns, 40. Tagung Neurologie und Gehirn, Lübeck 2014

Steptoe, Andrew; Gibson, Leigh; Vounonvirta, Raisa u.a.: Black tea soothes away stress. In: UCL media relations, 16.07.2010 http://www.ucl.ac.uk/media/library/tea [17.09.2014]

Stiglbauer, Barbara; Selenko, Eva; Batinic, Bernad; Jodlbauer, Susanne: On the link between job insecurity and turnover intentions: Moderated mediation by work involvement and well-being. In: Journal of Occupational Health Psychology 17(3), 2012, S. 354–364, http://psycnet.apa.org/journals/ocp/17/3/354/ [28.04.2014]

Strack, Fritz; Werth, Lioba: Wie zufrieden sind Sie eigentlich? Psychologische Determinanten von Zufriedenheitsmessungen. In: Sportspiele, Trainieren, Vermitteln, Erleben. Schriftenreihe der Deutschen Vereinigung für Sportwissenschaft 2002, S. 13–24.

Strobel, Hannes: Auswirkungen von ständiger Erreichbarkeit und Präventionsmöglichkeiten, Teil 1: Überblick über den Stand der Wissenschaft und Empfehlungen für einen guten Umgang in der Praxis, Initiative Gesundheit und Arbeit IGA Report 23, 2013, http://www.iga-info.de/fileadmin/Veroeffentlichungen/iga-Reporte_Projektberichte/iga-Report_23_Staendige_Erreichbarkeit_Teil1.pdf [05.05.2014]

Tausch, Reinhard: Sinn in unserem Leben – bedeutsam für seelische Gesundheit, Leistungsfähigkeit und Lebensqualität. In: M. Ringlstetter, S. Kaiser und G. Müller-Seitz (Hrsg.), Positives Management. Zentrale Konzepte und Ideen des Positive Organizational Scholarship. Wiesbaden, Deutscher Universitäts-Verlag 2006, S. 115–130

Taylor, Shelley E.; Kemeny, Margaret E.; Reed, Geoffrey M. et al.: Psychological Resources, Positive Illusions and Health. In: American Psychologist 55(1), 2000, S. 99–109, http://taylorlab.psych.ucla.edu/2000_Psychological%20Resources,%20Positive%20Illusions,%20&%20Health.pdf [12.05.2014]

Thomas, Livia; Pruessner, Jens C.; Wiest, Roland; Duchesne, Annie; Zuccarella, Claudia; von Känel, Roland; Wirtz, Petra H.: Neurale Korrelate wahrgenommener Stressbewältigungsfertigkeiten in Reaktion auf akuten Stress: ein fMRI Experiment, 40. Tagung Neurologie und Gehirn, Lübeck 2014

Towers Watson: 2012 Global Workforce Study, Engagement at Risk: Driving Strong Performance in a Volatile Global Environment, July 2012, http://www.towerswatson.com/Insights/IC-Types/Survey-Research-Results/2012/07/2012-Towers-Watson-Global-Workforce-Study [12.05.2014]

Townsend, Claudia; Liu, Wendy: Is Planning Good for You? In: Journal of Consumer Research 2012

Vadmad, Margarethe et al.: Hold din hjerne skarp. In: Psykologi Nr. 5, 2014

Viernickel, Susanne; Voss, Anja; Mauz, Elvira; Schumann, Maria: Gesundheit am Arbeitsplatz Kita. Ressourcen stärken, Belastungen mindern, Schriftenreihe Prävention in NRW, Heft 55

Wagner, Wolfgang; Bießenecker, Stefan; Bräuninger, Michael u.a.: Deutschland 2020 – Die Arbeitsplätze der Zukunft, Regionen im Wettbewerb – Faktoren, Chancen und Szenarien, hg. v. PricewaterhouseCoopers AG und Hamburgisches WeltWirtschaftsinstitut, Berlin/Hamburg 2010

Warren, Diana: Retirement Decisions of Couples: The Impact of Spousal Characteristics and Preferences on the Timing of Retirement, Melbourne Institute Working Paper Series, Working Paper No. 41/13, December 2013

Werth, L.; Denzler, M.; Förster, J.: Was motiviert wen? Worauf der Fokus liegt, entscheidet über den Erfolg. In: Wirtschaftspsychologie 2, 2002, S 5–12

Werth, L.; Förster, J.: Erfolg beginnt nicht nur im Kopf! Bodyfeedback: Wie der Körper unser Verhalten beeinflusst. In: Wirtschaftspsychologie 4, 2001, S. 220–225

Werth, L.; Förster, J.: Wie Sie als Führungskraft Kreativität steigern oder blockieren können. In: Wirtschaftspsychologie 2, 2002, S. 13–20.

Werth, L.; Strack, F.: Die Beurteilung der eigenen Zufriedenheit in der Befragung und »in real life«. In: Wirtschaftspsychologie 4, 2001, S. 226–234.

Westerhaus, Christine: Schwung für graue Zellen, Neue Studie zum Zusammenhang zwischen körperlicher Fitness und Erfolg im Beruf, http://www.deutschlandfunk.de/schwung-fuer-graue-zellen.676.de.html?dram:article_id=26993 [03.09.2014]

Williams, Ray: Do Self-Affirmations Work? A Revisit. In: Wired for Success, 05.05.2013, http://www.psychologytoday.com/blog/wired-success/201305/do-self-affirmations-work-revisit [12.05.2014]

Wippermann, Peter: Ich mache es, wie ich mich wohlfühle, Der Trend zum Selbstoptimierer. In: well 2, 2014, S. 20–21, http://peterwippermann.posthaven.com/ [24.09.2014]

Wood, Alex; Joseph, Stephen; Linley, Alex: Gratitude – Parent of all
virtues. In: The Psychologist 20(1), 2007,
http://personalpages.manchester.ac.uk/staff/alex.wood/gratitude%20
psychologist.pdf [16.06.2014]

Wood, Alex M.; Joseph, Stephen; Maltby, John: Gratitude predicts psychological well-being above the Big Five facets. In: Personality and Individual Differences 46, 2009, S. 443–447

Xie, Lulu et al.: Sleep Drives Metabolite Clearance from the Adult Brain.
In: Science 342 (6156) 2013, S. 373–377

Studien:

Arbeit und Alter, Eine Unternehmens- und Beschäftigtenumfrage.
Durchgeführt von der berufundfamilie gGmbH gemeinsam mit GfK
SE, Frankfurt am Main, Dezember 2013, http://www.beruf-und-
familie.de/system/cms/data/dl_data/21a72dbd9d7234c6787e33a9912
02ba5/Umfrage_Arbeit_und_Alter_bfg.pdf [29.09.2014]

Arbeitszufriedenheit, Wohlbefinden entscheidet über Engagement am
Arbeitsplatz. In: haufe online, 03.09.2012, http://www.haufe.de/
personal/hr-management/wohlbefinden-entscheidet-ueber-
engagement-am-arbeitsplatz_80_135226.html [12.05.2014]

Bericht des Bundesforschungsinstitutes für Ernährung und Lebensmittel:
Nüsse in der Ernährung 2000–2007, NUCIS e.V. Deutschland, Drei-
ländertagung, Zürich 2008

Bleib locker, Deutschland! – TK-Studie zur Stresslage der Nation. Hg.:
Techniker Krankenkasse Pressestelle, 2013, https://www.tk.de/centau-
rus/servlet/contentblob/590188/Datei/115474/TK_Studienband_zur
_Stressumfrage.pdf [17.09.2014]

Chefs erwarten von Mitarbeitern Anwesenheit trotz Krankheit, 28. LAB
Managerpanel. In: LAB & Company, 12.12.2012,
http://www.labcompany.net/de/press/releases/2012/149/ [29.09.2014]

DAK Gesundheitsreport 2014, Hg.: DAK Forschung,
http://www.dak.de/dak/download/Vollstaendiger_bundesweiter_
Gesundheitsreport_2014-1374196.pdf [17.09.2014]

Das Geheimnis der Musik, Was Musik mit unserem Gehirn macht.
05.06.2014, http://www.musikmachen.de/Musik-News/Was-Musik-
mit-unserem-Gehirn-macht-3786054 [16.06.2014]

Das Liebes- und Kuschelhormon, Bei der Entscheidung, ob wir Vertrauen
fassen, ist ein Hormon ausschlaggebend: Oxytocin. 3sat, Februar 2011,
http://www.3sat.de/page/?source=/scobel/151815/index.html
[16.06.2014]

189

DEGS – Studie zur Gesundheit Erwachsener in Deutschland, Robert-Koch-Institut, http://www.degs-studie.de/ [29.09.2014]

Die 10 wichtigsten Gründe, warum der Job Spaß macht, Studie der Manpower GmbH & Co. KG, 26. 3. 2014, https://www.manpower.de/neuigkeiten/presse/pressemitteilungen/studie-die-10-wichtigsten-gruende-warum-der-job-spass-macht/ [16.06.2014]

Die Zukunft der Arbeit auf dem Weg ins Jahr 2030, Robert-Bosch-Stiftung, 20.03.2013. http://www.bosch-stiftung.de/content/language1/html/45249.asp [17.09.2014]

Gut nur für die Hersteller, Omega-3-Fettsäuren müssen nicht zusätzlich sein. 3sat, 08.04.2010. http://www.3sat.de/page/?source=/nano/bstuecke/86231/index.html [16.06.2014]

IMD World Competitiveness Yearbook 2014 Results, Rangliste des IMD World Competitiveness Center, 22. 5. 2014, http://www.imd.org/wcc/news-wcy-ranking/ [16.06.2014]

IMD releases its 2014 World Competitiveness Yearbook Ranking, Imagevergleich des IMD World Competitiveness Center, 22. 5. 2014. http://www.imd.org/news/2014-World-Competitiveness.cfm [16.06.2014]

Keep on moving – HR immer agiler?! Die steigende Bedeutung von HR-Themen als Chance und Verpflichtung, 12. Kienbaum Jahrestagung, Ergebnisbericht HR-Trendstudie 2013

Kienbaum-Studie zum Mitarbeiterengagement im weltweiten Vergleich. In: personalmanagement.info, 16.10.2011, http://www.personalmanagement.info/hr-know-how/fachartikel/detail/kienbaum-studie-zum-mitarbeiter-engagement-im-weltweiten-vergleich/ [24.09.2014]

Lernen im Jahr 2030, Szenarien auf Basis einer Delphi-Experten-Befragung, F.A.Z. Executive School GmbH, www.faz-es.net

Macht Arbeit Freude? Fazit einer Umfrage. In: Zeit Archiv, 22. September 1949, http://www.zeit.de/1949/38/macht-arbeit-freude [12.05.2014]

Neue Studie: Yoga hilft gegen Stress und vermehrt graue Hirnsubstanz (Studie Britta Hölzel und Sara Lazar). In: grenzwissenschaft aktuell, 24.11.2008, http://grenzwissenschaft-aktuell.blogspot.de/2008/11/neue-studie-yoga-hilft-gegen-stress-und.html

Thermalwasser als Quelle der Entspannung. In: ärzte exklusiv, 08.02.2013 (Studie Dr. Franziska Matzer), http://aerzte-exklusiv.at/index.php?id=184&tx_ttnews%5Btt_news%5D=2836&cHash=23b715363808d32c8dc3a1f6f32fed82 [17.09.2014]

TK-Stressstudie NRW Studenten 2012, Ergebnisse einer repräsentativen Forsa-Umfrage, Mai 2012, https://www.tk.de/centaurus/servlet/contentblob/456454/Datei/80754/Forsa-Studie%20Studentenalltag%20in%20NRW.pdf [17.09.2014]

Verzerrte Wahrnehmung kann zu langes Arbeiten bedingen. In: Wirt-
    schaftspsychologie aktuell, 13. September 2013,
    http://www.wirtschaftspsychologie-aktuell.de/nachrichten/
    nachrichten-20130903-verzerrte-wahrnehmung-kann-zu-langes-
    arbeiten-bedingen.html [05.05.2014]
Vorsätze für das Jahr 2014, Forsa-Studie im Auftrag der DAK-Gesund-
    heit, 12. Dezember 2013, http://www.dak.de/dak/download/Forsa-
    Umfrage_Gute_Vorsaetze_2014-1343278.pdf [04.08.2014]
Westin Hotels & Resorts: Wohlbefinden ist das neue Statussymbol. In:
    Hotel und Technik, 27. 05.2014, http://www.hotelundtechnik.de/pl/2/
    2/1344/westin-wohlbefinden-ist-das-neue-statussymbol.html
    [24.09.2014]
Wie optimistisch sind die Deutschen, Umfrage der FAMS, 07. April 2009,
    H8 Research Markt und Sozialforschung
Wohlbefinden entscheidet über Engagement am Arbeitsplatz. In:
    Haufe.de/Personal, 03.09.2012, http://www.haufe.de/personal/
    hr-management/wohlbefinden-entscheidet-ueber-engagement-
    am-arbeitsplatz_80_135226.html [24.09.2014]
Würden Sie für mehr Zeit Ihre Lebensweise ändern? CosmosDirekt2008.
    In: Fit for Fun